作者序

人生道路走完三分之一，前面的路越來越分歧，往左走往右走都難以預期，偏偏大片濃霧自四面八方襲來，下一步該怎麼走呢？

留在原地等濃霧散開是個選項，丟個銅板讓上天決定往左或往右也可，退後一點、離開軌道、找個高地，看清了之後再走或許也不錯。

這本書《任性放飛，米蘭30天：走出人生迷霧》，呈現一個在人生叉路上躊躇不前的輕熟女子，暫時離開軌道以便看清眼前迷霧時的心境轉變過程，如果這段釐清自我內在與外在環境的過程，能夠有助於任何正處於像女主角一樣階段的人，那也不枉這段日子來深夜的筆耕了。

目錄 CONTENTS

第二部：黃色公寓

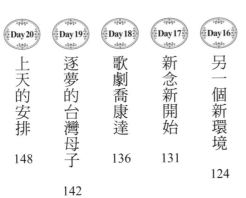

第一部
紅色公寓

子晴一看到這間以紅色為基底色調的公寓，打從心底喜歡這間公寓的設計感。她興奮的在公寓裡拍了一些照片，一個自然的動作想用 Line 傳給宇豪看看，但不過三秒，悲傷又回到心頭，這些照片就留給自己看吧！

這間紅色公寓，將是子晴在異鄉米蘭的第一個安身之處……

Day 1

米蘭，我來了

五月二十一日（週六）

經過漫長的飛行與轉機，這班土耳其航空的班機終於在早上九點五十分降落在米蘭馬爾彭薩機場。五月下旬早上的米蘭，天空一片湛藍，只有遠方天空有幾絲像被撕開的棉花糖般的淡淡雲彩。

在從伊斯坦堡出發的飛機上，好不容易流著淚睡著的子晴踏出機艙時勉強張開水腫的雙眼，望著天空，陽光刺眼，子晴深深地吸了一口氣，再緩緩吐出來，輕輕的說道「米蘭，我來了！」

等待入境的隊伍雖然東彎西拐的綿延很長，但仍緩步前進中。隊伍之中亞洲面孔極少，大多是西方人，畢竟大多數亞洲國家還在為新冠疫情所苦，過去幾年到處可見的亞洲旅行團已不復見。

因疫情的關係，長途的飛機上沒有坐滿，乘客們幾乎都可以躺著或伸直雙腳好好睡覺。子晴在交通工具上不容易入睡，她只好一直看電影來打發時間。土耳其航空上有不少平常難得看到的中東國家電影或印度電影，子晴百無聊賴的挑了一部寶萊塢的電影來看，雖然看不太懂劇情但是有一幕觸動了子晴的心：那是年輕男子和父母到女方家提親，年輕的女孩為他們奉茶的一幕。子晴看到這一幕時心頭驀然的揪了一下，她想到她的同居男友宇豪答應了父母安排的相親，又自己腦補的把螢幕上那個英俊的印度男子換成了宇豪的面孔，忍不住鼻頭一酸眼淚就掉了出來。

這趟來米蘭預計停留三十天，是為了先暫時遠離台北的高壓工作，但是出發前一天，同居多年的男友宇豪突然告知這個訊息實在太突然，讓子晴不知該如何反應，還是依著計劃出發到米蘭。子晴還記得宇豪一臉失望的問：「我們之間的未來，比不上你追求自我來得重要嗎？」

子晴是來米蘭追求自我的嗎?子晴的自我又是什麼呢?

走出機場，看到等待機場巴士的長長隊伍，疲憊的子晴閃過一個要對自己好的念頭，直接走向計程車。一個中年微胖、臉上鬍子理得很乾淨的計程車司機用英文招呼子晴，子晴也沒什麼抗拒的就上了車。

約莫三十分鐘就到了米蘭中央車站，子晴到中央車站的目的是要找義式生活訂房網的中央車站辦公室拿出租公寓的鑰匙，她進入中央車站後還再三確認手機上電子郵件的說明及照片，沒有太困難的就找到了他們的辦公室。

小小的辦公室裡面有兩男一女的年輕員工，左邊的一個小個子男員工最先出聲招呼她。子晴在出發前已經在線上完成入住及合約審閱程序，現在只要核對護照資料和確認付款的信用卡，還有一些退房和換公寓等細節確認後，很快就拿到了鑰匙。接下來的幾周時間，子晴就是這間「森尼西奧七號公寓」的主人了。

踏出了辦公室，子晴找到地鐵車票售票處買了票，準備搭地鐵前往公寓。

從中央車站到森尼西奧七號公寓要先搭地鐵黃線，坐了兩站後再轉搭地鐵紫線，經過三站後就到了。原本子晴擔心拖著大行李轉車會很不方便，但是硬著頭皮拖著行李搭地鐵又轉車後，發現過程並不會太困難，米蘭的地鐵系統各線之間的連接做得很精巧，拖著大行李搭車轉車一點都不難，是自己事前想太多了，自己嚇自己。

抵達森尼西奧七號公寓大門，這間公寓兩旁是兩間不同的小餐廳，但是賣的差不多都是披薩和義大利麵。子晴照著說明在一串鑰匙中找到大門的鑰匙，試了幾次才打開大門。進入大門後，看到右手邊的小門，再找到第二道門的鑰匙，又試了幾次後打開小門。一進去就看到以前在歐洲電影中看過的鐵籠式電梯，真的好小。子晴還沒搞清楚這個電梯的使用方式，就有一對老年夫婦進來。電梯很小，看起來容納不了三個成人與一個大行李箱，所以子晴用她記得的簡單義大利語，加上一個手勢跟老夫婦說「請」。老夫婦跟子晴道過謝後打開電梯先上樓了，在老夫婦使用電梯的過程，子晴緊盯著他們的操作方式，學習了電梯使用方法，也順利的在下一梯搭上電梯到了自己的樓層。

進入公寓時已是下午三點多，經過這一番舟車勞頓，子晴已經漸漸平復了心情，同時也感到疲憊。當她一看到這間以紅色為基底色調的公寓，打從心底喜歡這間公寓的設計感。她興奮的在紅色公寓裡拍了一些照片，一個自然的動作想用 Line 傳給宇豪看看，但不過三秒，悲傷又回到心頭，這些照片就留給自己看吧！

還沒吃午餐的子晴拿出包包裡從飛機上帶下來的麵包填肚子後，感到一陣睡意，就在客廳的沙發上躺下睡著了。

紅色公寓的臥室掛滿了以紅色為基底色的裝飾掛畫

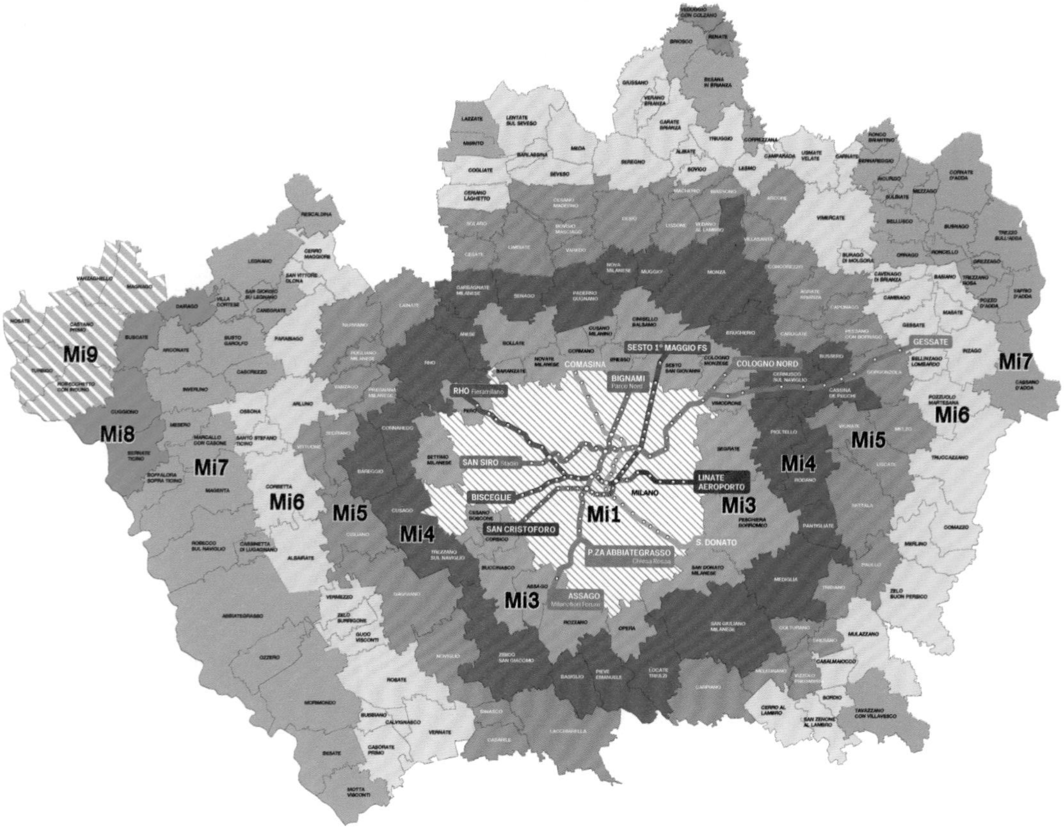

米蘭的公共交通區域圖，在 Mi1 區域內所有交通工具都是統一票價

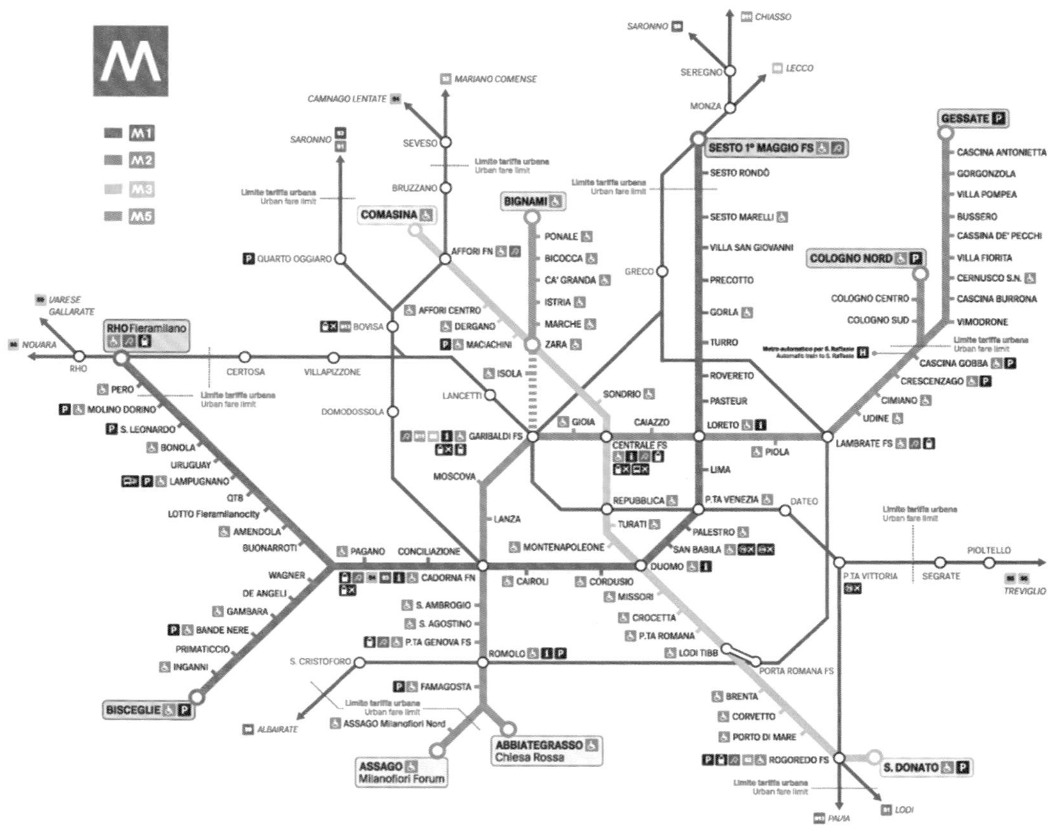

米蘭目前共有紅綠黃紫四條地鐵，形成四通八達的地鐵網絡圖

Day 2

第一次接觸

五月二十二日（週日）

昨日下午子晴在沙發上一攤就直接睡到晚上八點，之後隨便以從台灣帶來的泡麵充饑，然後又繼續睡到天明。

一早六點半醒來，窗外已經是明亮的大晴天，即便子晴還有點頭痛，但是難掩來到米蘭的興奮心情，所以梳洗好後就出門去走走看看。

子晴住的公寓旁有個米蘭紀念公墓，這個公墓是開放給大眾自由參觀，而且聽說裡面有很多嘆為觀止的精巧雕刻，很值得一看。雖然子晴覺得自己不是太相信鬼神的人，但是沒事到不認識的人的墓前，對著人家的墓碑設計或者旁邊的雕刻品頭論足，感覺還是不自在。子晴只打算到紀念墓園周邊走走。

紀念墓園四周有高高的圍牆，從地鐵站沿著圍牆走一段，再向左偏就看到好像是紀念公墓的停車場，再向左彎，米蘭紀念公墓的大門就正式映入眼簾。公墓大門很壯觀美麗，並沒有台灣公墓的悲戚陰森感，尤其在現在這樣的艷陽下，公墓大門看起來跟博物館沒有兩樣。話雖如此，子晴還是不打算進去看看，她只有在大門遠遠處自拍幾張照片就繼續向前走。

公墓大門的另一側，陰涼的樹陰下有四五個穿著暗黑色服裝、留著長髮的男子，或躺或坐在草地及樹下長椅上，子晴知道不能有先入為主的觀念，不過子晴還是猜想他們應該是流浪街頭的街友，子晴的自然反應就是與那些街友保持適當的距離。順著公墓邊緣繼續走，向左轉，子晴來到一座高架橋，橋下是火車站和錯綜複雜的火車軌道。子晴在高架橋上四周張望了一會兒，先辨認一下四周的方向再往前走；不過才剛走過高架橋到了另一段商店林立的街道，子晴就已經察覺自己迷了路：米蘭紀念公墓在哪兒呢？

正在猶豫是否要拿出手機來查看定位，眼前綠燈已亮起，「算了！先過馬路再往前走一段看看吧！」。

又走了約莫十分鐘，子晴已經確定自己不在紀念公墓旁，終於停了下來把手機拿出來看。一看手機定位點，子晴才發現自己方向錯得離譜。這下連回公寓的方向都快搞不清楚了，得求助於 Google 導航的幫忙了。

原先是跟著導航乖乖往公寓方向走，但是當路過一間家樂福大賣場時，子晴想到公寓的冰箱還是空的，於是繞進去採買。

現在的義大利新冠疫情已經獲得控制，戶外已經不用再戴口罩，只有在搭乘交通工具和進入室內時還是要把口罩戴上。子晴採買完畢後靠著導航又走了快半個小時才回到公寓。

當子晴回到公寓門口時，大門前正好有一位身材高大的光頭中年男士正在低頭開門，大門打開後這位男士發現身後嬌小的子晴，很紳士的跟子

從社區第二道門進入大樓後，馬上就看到鐵籠式的小電梯

晴說了聲「請」，讓子晴先進門，子晴也大方地回應「謝謝」之後就先跨進大門。

男士腿長步伐大，一下子又趕到了子晴前方，不過也真巧，這個大門進來裡面還有幾棟公寓入口，而他和子晴竟然住同一棟，所以男士又先幫子晴開了第二道門，對著子晴再次說了聲「請」，讓子晴先進門。

不過，進了第二道門，電梯前的走廊很狹小，子晴和這位男士只能一前一後的站著。老舊的鐵籠式電梯沒有電子顯示看板，只知道目前電梯在樓上，但是不知道在哪一樓？是否已經準備好可以下來了？這種情形下和男士靜靜等著電梯氣氛有點尷尬，子晴抬頭望著樓上，豎耳傾聽是否有關上電梯門的聲音，盤算著何時才能按下電梯鍵？

男士對她笑笑說了一連串的義大利文，子晴很尷尬，不知道該不該老實跟對方說自己其實還不太懂義大利文，她遲疑著回以淡淡的微笑。當子晴聽到樓上關上電梯的門後，放心的按下電梯鍵，電梯緩緩地下來了。不

這個鐵籠式小電梯僅能搭乘兩個大人

過，這時又有另外一個問題，這電梯很小，兩個成人只能一前一後站進去，子晴和男士誰要先進去呢？理論上應該要像搭計程車一樣先下車的人後坐進去吧？男士又開口了，子晴猜想他應該是問子晴住幾樓吧？義大利文的數字說法，子晴還記得，她開口說道「四」，男人笑了笑回到「二，請」。

子晴順著他的示意先進了電梯，心裡開心地狂喊「賓果！」

電梯真的很小，而且不太通風，子晴聞到了剛剛上樓住戶外帶披薩所留下的食物味道，還有男士身上淡淡的古龍香水味。

到了二樓，男士先出了電梯，當他回頭關好電梯門時，笑笑地對著子晴說「Ciao！再見」，子晴也大方微笑的回應「Ciao」。

雖然只是短短的偶遇，已讓子晴有很大的成就感，來到米蘭的第二天，子晴已經用少少的當地語言跟當地人有了第一次接觸。子晴想找人分享這個小小的喜悅，第一個念頭想到的當然是宇豪，但是他現在可能忙著在相親吧！於是，子晴打消了這個念頭，回到公寓後悶悶的整理行李。

Day 3

任性放飛，新冠跟隨

五月二十三日（週一）

子晴擔心的事還是發生了！

當子晴向主管請了一個月長假，要到米蘭來度假且思索未來的路，所有的親朋好友包括男友宇豪都說子晴發瘋了，為什麼要在新冠疫情尚未完全結束的時候，去到當初因新冠病毒而死亡人數居世界前幾名的義大利度假，萬一被感染到新的變種病毒怎麼辦？

但是，子晴的義大利文老師朵拉告訴子晴，義大利的新冠疫情已經獲得控制，義大利人的生活已經慢慢恢復疫情前的模樣了。於是，正在為工作轉變而苦惱的子晴決定大膽任性一次，放飛自己一個月。

同居了七年的男友宇豪很激烈的反對，最大的理由就是萬一子晴在國外感染了病毒怎麼辦？雖然已打過三劑疫苗，但是也並非絕對有保障不會被感染，宇豪氣得近一個禮拜不跟子晴說話。冷戰一個禮拜後，宇豪對子晴說的第一件事，就是他已經答應父母好友安排的相親了。

現在，子晴感到喉嚨有刺痛感、頭也還在痛，雖然咳嗽症狀不明顯，但是她感到身體微熱，拿出帶來的體溫計一量：三七．五度，的確是發燒了。子晴攤回床上，思考好久才終於有勇氣把快篩試劑拿出來篩一下，不到一分鐘清楚的兩條紫色線條已然出現在眼前。

子晴心中很不願意承認自己正在後悔，承認自己真的自作孽。她想到宇豪說的話：「去一趟米蘭就能解決你工作上的問題嗎？你需要的是正視自己的問題。」眼淚就忍不住從太陽穴兩旁緩緩流下來。

不過此時流淚也不能解決問題，子晴在出門前有請熟識的醫師開備用藥物，她翻找著行李，沒想到在常備藥物那個小包裡發現另一包陌生的小包，打開來一看竟然是清冠一號，旁邊還有一張小紙條：「剛發作時吃最好，一天吃三次」。是宇豪的字跡！子晴忍不住眼淚撲簌簌的流了下來。雖然不習慣吞中藥粉，但還是伴著溫水吃了一包後，昏沉沉的睡了。

在昏睡迷濛之中，子晴夢到自己在一個全新的辦公室，坐著又硬又不舒服的板凳看資料，突然上司柳經理走過來丟了一疊報表給她，說了一句「明天之前把這些資料分析一下，給我十分鐘的簡報」。子晴求助的看看周遭的同事但是沒有一個熟識的面孔，每個面孔都只是冷冷的撲克臉，更沒有人對她說任何話……子晴嚇得出了全身冷汗，睜開眼，看看窗外，天空是亮亮的藍，但是窗戶上有細小水珠，剛剛應該有下過小雨吧？子晴突然憶起自己現在在米蘭耶！她心目中的夢想國度。

但是此時此刻她卻病懨懨的躺在床上，多麼浪費時光啊！

子晴起床換掉一身汗濕的衣服後吃一片吐司充飢後，又吃了一包藥，再度回到床上昏睡過去。這次，她夢見了與她冷戰中的宇豪，在家裡陽台抽菸，三不五時回頭看看坐在客廳的她，菸抽完了卻沒有意思要進家裡的意思，子晴心裡想：真像一個愛耍脾氣的大男孩，先讓他在外面吹一下冷風再叫他進來吧！沒想到，氣嘟嘟的宇豪下一步竟然要越過欄杆往下跳，子晴急著大喊：「喂！這裡可是五樓啊！」

夢到這裡又讓子晴驚醒了，窗外依舊是藍藍的白天，午後的陽光暖暖的照進臥室，不一會兒子晴又沉沉入睡了。

這一天，子晴除了起來喝水、吃藥、上廁所之外，幾乎都在昏睡中度過，她根本沒有發現自己手機裡已經傳來近百則 Line 的訊息。

這天是抵達米蘭的第三天。

Day 4

解鎖新技能

五月二十四日（週二）

到米蘭第四天了。

多虧了之前施打的三劑疫苗及清冠一號，昏睡了一天的子晴，今天覺得好多了。燒退了、沒有肌肉痠痛等症狀，目前只有微微咳嗽及些許鼻塞。

子晴一早醒來簡單吃了麵包及清冠一號，慢慢消化著昨晚台灣傳來的Line訊息。其中有柳經理和同事們傳來問子晴在米蘭情形的訊息，還有柳經理幫子晴報名、為期一個月醫療器材行銷課程的群組中，公告上課注意事項的訊息，其中就是沒有宇豪的訊息，子晴感到很失落。子晴思考著要不要主動傳訊息謝謝宇豪幫她準備清冠一號呢？不過這樣不就曝露了自己真的被眾人說中，真的感染到了新冠嗎？

在床上滑手機滑到肚子咕嚕咕嚕叫，前兩天都吃從台灣帶來的泡麵，昨天只是吃兩片在這邊家樂福超市買的麵包，子晴開始思念起米飯來了。之前在超市買了二公斤的米，此刻子晴想煮點白飯來吃。

不過，這公寓的廚具是義大利人準備的，沒有電鍋或電子鍋，要煮米飯只能用小鍋子在電磁爐上煮了。

子晴先上網查查如何用電磁爐和一般鍋子煮白飯，看了一些YouTube影片後，有了概念，就動手煮看看了。第一關碰到的就是單人分量該煮多少呢？這裡沒有電鍋，當然也沒有量杯，子晴只好用自己帶來的小碗裝約三分之二碗的白米，洗好後倒進小鍋裡，再倒入可以蓋過白米約一公分左右的水。

網路上說先用中火煮到鍋子開始冒水蒸氣，之後再轉小火煮約八至十分鐘，煮到從玻璃透明鍋蓋可以看到水分收乾後，關掉火後再悶個十分鐘

紅色公寓裡的小廚房，小巧可愛、功能俱全

就可以了。還好這公寓的小鍋蓋是透明玻璃的，煮飯過程中子晴就這樣一直盯著米看，感覺很像學生時代在做化學實驗一般。

雖然這公寓的廚房是兩口的電磁爐，但是像這樣煮個白飯都得很專注，子晴根本沒空再去用另一口爐做些什麼，只能專心煮，煮完再換炒青菜或是煎個鮭魚，每一個步驟都是專心做、簡單做。

這樣烹飪的方式讓子晴體會到烹飪的真正樂趣，因為不用像台灣的廚房講究大火快炒，火大油滾燙就讓人神經緊繃。都來到了義大利米蘭，一個最懂得享受生活的國度，就放慢腳步慢慢來吧！

只不過，煮了半天才剛要坐下來好好吃飯，子晴就看到柳經理傳來提醒子晴要記得上課的 Line 訊息。子晴簡單回傳「我記得喔！」讓柳經理安心。

吃完了午餐，下午一點半也正好是台灣時間的晚上七點半，第一堂課就要開始了。子晴雖然對這些課程沒興趣，也很排斥柳經理為她安排的新職務，但是常自稱奴性堅強的她還是乖乖的整理好桌面，把電腦拿出來，開始越洋上線上課程。

第一堂是醫療器材的相關法規及基本行銷概念，這對習慣實驗室工作的子晴來說很陌生。柳經理說：「在你擔任實驗室主任這段期間，我看到你具有管理潛質，所以我跟總經理推薦你轉調到業務推廣部擔任第一小組主任。」當子晴聽到這些話時心裡感到很納悶，子晴雖然擔任實驗室生物檢驗組主任有五年多，但是她平常並不覺得自己在管理團隊上有甚麼特別費力，她不過就是協調排班和工作輪調與代理等事務而已，這個團隊之所以氣氛和樂且績效好，是因為團隊成員都很和善好相處，子晴並不認為自己擅長管理。

柳經理要把子晴調到業務推廣部的第一組，第一組的主要業務是新客戶開發與客戶關係維繫及銷售化驗試劑等等。業務推廣部是有業績壓力的，高壓高報酬，在這種工作環境下待得住的人也都很有企圖心，團隊裡勾心

身在度假天堂，卻被迫在雲端連線上課

鬥角與耍心機事件時有耳聞，同事們都說子晴調到這樣的單位大概會撐不住，這宛如是柳經理變相要子晴走人的手段。

子晴很苦惱，不想接下這份挑戰，但是這是子晴的第一份工作，也做了十二年，子晴從沒有轉職經驗，對於自己的求職能力十分沒有自信。雖然，男友宇豪一直勸她就大膽先接下這份挑戰做看看，真的不行再走人也無妨。

子晴還是為此失眠好幾天，一想到工作就覺得「煩死了」，心理無法安定，第一次在沒和朋友家人先商量的情況下就向公司申請一個月的假期，一個人來到一直很嚮往的米蘭來放鬆，以及思考未來。

來到米蘭的這三天，因為新冠病毒的作怪讓子晴根本就無法思考，但是柳經理幫她安排的一條路已然在眼前展開，子晴腦袋裡還沒有具體的想法就已經被推著一步一步的踏上旅程了。當台北的講師開始解說基本行銷概念，子晴慢慢進入課程內容，先把職務調動的煩惱擱置在一旁了。

Day 5

探訪古米蘭

五月二十五日（週三）

在公寓裡乖乖待了兩天沒出門，按時吃飯、吃藥和睡覺，今天子晴覺得自己好多了。精神一好就忍不住想出去走走。

在這條森尼西奧街上有十二路和十四路的路面電車經過，子晴一看到那種古老的路面電車就莫名的興奮，覺得自己好像來到了十九世紀末的歐洲，雖然行走在十二路和十四路路線的路面電車都還算新穎。為了一圓坐路面電車的夢，來到米蘭的第五天，子晴決定出門去觀光一下。

來到米蘭，不能不去的地方就是米蘭大教堂了。雖然坐地鐵也很方便，有一站就是Duomo米蘭大教堂，但是坐十二路電車的話，不用轉車，只要

搭乘路面電車時戴口罩，是與新冠病毒共存的手段之一

下車後稍微走三到五分鐘一樣可以到大教堂。子晴決定趁此機會坐一坐這古老又新穎的路面電車。

在米蘭的大眾交通工具的車資是以時間來計算的，九十分鐘內二塊歐元的車票可以坐地鐵，也可以坐路面電車或公車，而且在時間內不限轉乘不同車種或上下車次數。車票可以在地鐵站內的購票機用信用卡買票，也可以到路邊掛有 Tabacchi 招牌的小店買。子晴想要試試自己的義大利文程度，所以到 Tabacchi 小店去買票。

進到這個 Tabacchi 小店，感覺有點像以前台灣鄉下的柑仔店，只不過這兒沒賣太多零食，還是賣香菸居多。子晴跟店員說：「一張車票。」然後就把二塊歐元硬幣放在櫃檯上，店員沒多說什麼就遞給她一張車票，回道「謝謝」，然後繼續去打他的電動了。

這樣到 Tabacchi 小店買車票好像也沒太多與人的互動，子晴決定下次還是到地鐵站的自動售票機買車票好了，還能刷信用卡。

不同路線的路面電車交錯駛過

今天的米蘭是豔陽高照的天氣，太陽很大但因為沒有台灣的潮濕悶熱，即使接近三十度高溫也還很舒服。子晴搭上了十二路的路面電車，在靠窗的單獨座位坐下來觀看著沿路的風景。

今天是周三，路上有不少看起來像是上班族和學生，也有不少遊客。有人說義大利人懂得享受生活，也有人說義大利人是懶得努力，不管如何子晴看這些街景與來來去去的人們，是忙於營生？還是享受人生？以一個才來第五天的外國人來說，還看不出其中差異。

子晴在米蘭大教堂這一站下了車，往前走一段後右轉就看到了米蘭大教堂那米白色雄偉的建築。售票處已排了長長的購票隊伍，子晴找到隊伍的尾端也排了起來，子晴打算除了參觀米蘭大教堂內部外還要走樓梯登頂大教堂。走樓梯的原因是聽說搭電梯要排長長的隊伍，還有之前出差來過米蘭的男友宇豪一直推薦走樓梯，理由是其實樓梯並不高，反倒像是一直在繞圈圈的上樓，比較有趣。

子晴先在大教堂裡面逛逛，看看那些鬼斧神工的雕刻，還在教堂中間的長椅上坐了許久。子晴在想：上教堂向天主禱告的心情應該和台灣那些到廟裡向各路神明祈願的心情是一樣的吧？雖然文化不同，生活習慣也有些許不同，但是人生中的起起伏伏，悲歡喜樂，應該是舉世皆同吧？自己現在的煩惱在人生旅途中到底是算在什麼階段？會不會過個幾年後再回頭來看會連自己都覺得好笑，為什麼會為這樣的小事煩惱不已呢？

子晴坐了一會兒，覺得心情變得寧靜放鬆，便起身準備去大教堂頂端了。在登頂的樓梯入口和進入大教堂時一樣，都有保安警衛檢查每個人和所攜帶的包包，看看是否有帶違禁品。

果然，這時間爬樓梯的人不多，子晴覺得慢慢爬這樓梯也不算辛苦，但是隨著高度一直上升，不停繞圈圈往上爬，讓子晴感覺有點繞到頭暈也開始喘了。不過，才開始覺得喘不久後，就看到了大教堂屋頂的出口了。

在大教堂頂端眺望著米蘭市區，感受與台灣截然不同的景緻，子晴突

看著米蘭大教堂且悠閒用餐，但是帳單上的金額讓人心痛

然覺得腳下似乎也飄浮起來，因為自己美夢成真了。子晴在學生時代看了《羅馬假期》和《美麗人生》這些義大利電影後，就對義大利這個國家產生了不少憧憬，長大之後知道米蘭是義大利的時尚、美食及設計之都，就萌生有一天一定要到米蘭來走走看看，現在美夢成真了，竟不由得浮現一種不真實的感覺，懷疑自己是否還在夢中……

但是，米蘭大教堂上的藍天白雲和燦爛的艷陽都如此真實，還有周遭操著各國語言的遊客也都假不了，子晴忍不住瞇上眼睛望著天空，告訴自己「美夢成真」了，沒什麼好懷疑的。

中午，子晴在米蘭大教堂前的一家餐廳，被服務生的三寸不爛之舌給說服，進去吃了一頓景緻勝過美食的昂貴午餐。這家餐廳就位於大教堂的正對面，從餐廳三樓的靠窗位子就可以直視大教堂，還可以高高在上的看著底下熙熙攘攘的遊客，安安靜靜地享受食物。子晴點的青醬義大利麵雖然很好吃，只是將近五十歐元的餐費讓子晴的心揪了好幾下。

12 路路面電車內部一隅

在回家的路上，子晴又碰上了那位中年男士，兩個人又一起搭了電梯，只不過這次鄰居在二樓離開電梯後突然回過頭來用英文對著子晴說：

「你不太會說義大利文吧？」

子晴只好尷尬的點點頭，用英文回應道：「我的義大利文還在初級階段。」

鄰居笑了笑說：「沒關係！我的義大利文也不是很道地，因為我來自德國。我叫華特，很高興認識你。」

子晴也作了簡單的自我介紹，感覺異國奇遇發展得又更加有趣了！

Day 6

千里來相會

五月二十六日（週四）

昨晚米蘭下了一場不小的雨，所以連帶的白天的氣溫也比前兩天降了五、六度左右，感覺有點涼意，子晴在室內都穿上了薄長袖。

今天子晴和線上學習的義大利文朵拉老師約好早上十點要見面，一起喝咖啡，子晴穿上一件薄線衫加牛仔褲，再披上一條薄絲巾就出門。剛踏出門時，感覺還是有一絲涼意，不過這身裝扮已經是子晴這次帶來的行李中較為暖和的衣物了，溫暖海島長大的她，怎麼會想到五月底的米蘭還會有不到二十度的溫度呢？

照著朵拉老師的指示，子晴先搭紫線地鐵到加里波底門站，朵拉老師

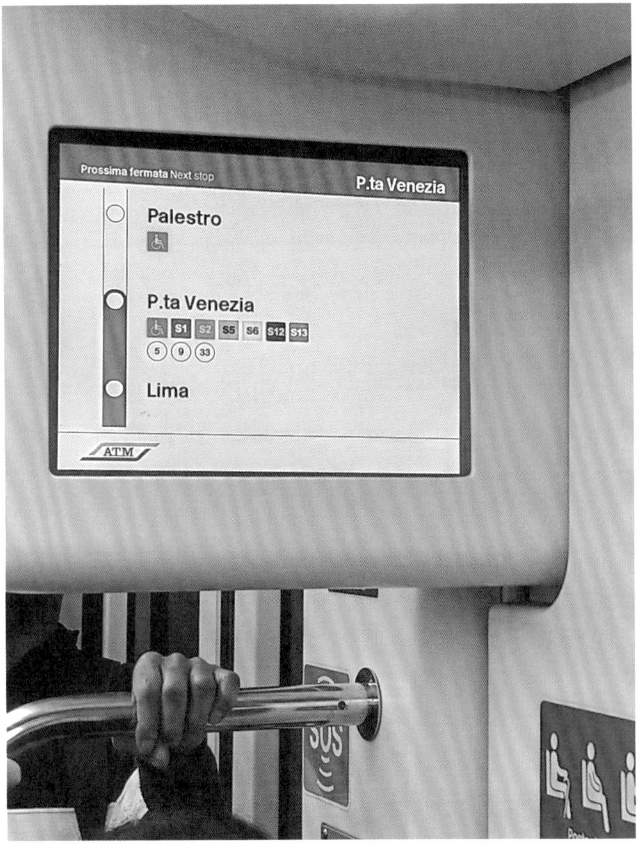

地鐵車廂內的停靠站顯示面板

說要改搭紅線，子晴看到了紅色的S1，就順著指標走了下去。剛好有一班車正到站，但是子晴還沒有搞清楚方向不敢隨便搭上去，反正時間還早，她還是再研究一下路線圖，比較確定之後再搭車。此時，朵拉老師透過微信發了訊息過來：

「子晴，我大概五分鐘就可以到威尼斯門站了，我們待會兒見。」

子晴為了跟朵拉老師說她也在路上了，就順手拍下了自己所在位置的照片發給了朵拉老師。不到一分鐘，老師傳來訊息：

「子晴，你跑錯了，不是要搭火車，是搭地鐵。你要先搭綠線地鐵到洛雷托站，再換搭紅線地鐵，M字標示才是地鐵。」

子晴匆匆忙忙再爬樓梯回頭找綠線地鐵，還好從加里波底門站到洛雷托站只有一站，約六、七分鐘就到了。不過，這洛雷托站的乘客人潮還不少啊！子晴下意識的抓緊了包包。在洛雷托站搭上紅線後也只經過一站就到了威尼斯門站。

紅線地鐵的洛雷托站

子晴找到了朵拉老師說的出口，還沒出站就見到朵拉老師在出口對面等著了，一看到子晴就很興奮地揮手，兩人一見面就彷彿多年沒見的好友一般熱情擁抱。

子晴當初為了紓解工作上的壓力，加入線上語言學習平台，開始學習義大利文。子晴挑選了米蘭出生、長大，但是大學時曾經到過中國做交換學生，會說點中文的朵拉作為她的義大利文老師，一周一次用 ZOOM 上課，至今已經跟著她學了快一年的義大利文。

只是子晴學義大利文純粹是興趣，加上工作忙，學習成效並不好。反而像是交了一個朋友似的，跟朵拉除了上課、學習義大利文和義大利文化之外，也無話不談，這次來米蘭前就約好兩人要見面了，還被宇豪戲稱是來見網友。

朵拉比透過 ZOOM 鏡頭看到的還要嬌小，跟子晴差不多身高，比子晴更加纖瘦。

朵拉帶子晴到一家叫做Hoya的咖啡廳，小小的咖啡廳很明亮，也坐滿了客人。

朵拉問子晴既然來到義大利了，要不要試試正統的義式濃縮咖啡？子晴聽說義式濃縮咖啡比她平常在台灣喝的美式咖啡苦，但是朵拉說的沒錯，既然來到義大利了，應該要喝看看當地的正統咖啡。

當咖啡送上來時，大約只有三十毫升的量，好小杯啊！但是，子晴偷窺了一下周遭客人喝的咖啡幾乎都是這麼小杯。朵拉看到子晴的神情大概猜到她的心思，便說：

「在義大利我們每天都會喝這麼一杯，然後會不會再喝第二杯就看個人了！我的話就是這麼一杯而已，然後就改喝其他的了。」

子晴笑著說：「我在台灣一天可以喝兩杯大杯的美式咖啡，一杯四八〇毫升，跟這小杯比起來，我簡直是牛飲咖啡，而不是品嚐咖啡啊！」

說著子晴拿起杯子淺嚐一口，立即被這濃縮咖啡的苦味嚇得臉都皺了，朵拉哈哈大笑引得其他客人都看了過來，子晴趕快加很多糖，攪勻後才敢喝第二口。

子晴記得曾經在某個節目中看到，義大利人覺得美式咖啡淡得跟洗咖啡壺的水一樣沒味道，原來義大利人喝的咖啡都這麼苦啊！真是見識到了。

子晴和朵拉聊了很多義大利和台灣的文化差異，也聊到個人生活上的事。原來子晴和朵拉年紀一樣，但是朵拉已經結婚了而且有一個剛滿一歲的兒子，為了配合育兒所以才會選擇做線上語言教師來延續她的職涯，今天是娘家媽媽幫忙帶孩子才能出來和子晴見面、喝咖啡。

子晴的義大利文還是基礎級程度，見面聊天是用中、英、義三語交錯進行，雖然只有短短一個小時，朵拉又要回去帶小孩了，但是和網友的相見歡讓子晴感到心情愉悅且了解了不同文化，更加擴展了視野。

在回公寓的路上買了個披薩回去吃，因為馬上又要上柳經理安排的系列課程第二堂課了。

一上完課就看到宇豪在三十分鐘前傳來問候的訊息了，該怎麼回呢？但是子晴並沒有猶豫太久，因為宇豪一看到他的訊息狀態轉為「已讀」，就馬上撥電話過來了。許久沒聽到宇豪的聲音，子晴竟然有點激動，倒是宇豪還能維持一貫的平靜的說：「沒有在米蘭走丟吧？」

子晴也努力保持平靜的說：「走丟好幾次了！但是最後都能找到路回來。」

之後兩人之間有一陣尷尬的靜默，但子晴還是打破沉默問了：「你的相親如何？」

宇豪就像回答一般性問題一樣輕鬆：「我把她帶回家了，畢竟一個女生帶著孩子在外流浪很危險。她和她的孩子現在都很平安，她的孩子很像她很漂亮，我先拍張照片給你看……」

宇豪的相親對象是單親媽媽？怎麼聽起來怪怪的，等看到宇豪傳來的照片，子晴忍不住驚呼出來，原來照片裡的「媽媽」是在宇豪和子晴住家附近的「流浪貓」，之前子晴就想養她但一直誘捕不到，沒想到竟然懷孕生了兩隻小貓。

子晴立刻回撥電話給宇豪，還開了視訊鏡頭。這一晚他們聊到台灣的半夜一點多。

宇豪坦誠當子晴不聽勸，堅持要任性放飛時，他心中真的有分手的想法。但是，子晴不在家，他一個人慢慢回想交往十多年，又同居七年的日子裡，其實是甜蜜多於爭吵，宇豪捨不得這段感情，所以在相親前一天，不顧父母的心情，當了逃兵……

聽到這裡，子晴的淚珠已經滑落下來了。

Day 7

慢跑在米蘭

五月二十七日（週五）

昨晚和宇豪聊了很多，知道他最後還是沒有去相親，子晴的心情穩定下來了。

今天沒有特別的安排，早上做完瑜珈、吃完早餐後就開始複習之前上課的講義，碰到有問題就上網去查。沒想到這樣唸唸書，就耗掉了一個早上的時間，而且當子晴認真學習醫療器材的行銷課程後，發現這領域其實也挺有趣的。

子晴先收拾桌上講義和電腦，到廚房去弄午餐。她上次在家樂福超市買了一種據說是義大利小水餃的冷凍食物，模樣很可愛。她上網去查了一下料理方式，發現可以水煮也可以煎成煎餃。子晴還另外買了青醬，那今天就先用煎的方式料理，然後拌青醬，應該會好吃吧？子晴打算中午就吃這個煎餃，飯後再多吃一樣水果。

子晴慢慢小心地把佈滿平底鍋的小水餃煎到金黃，看起來酥脆可口、小巧可愛，起鍋後再瀝掉多餘的油，這個成品連子晴自己看了都很滿意。子晴再把冰箱的青醬拿出來，剛打開瓶蓋的剎那，青醬的油有點溢了出來，感覺有點太油了。子晴小心翼翼的用湯匙撈幾匙出來拌一拌。

子晴想說乾脆也把水果準備好後再一起吃，所以她切了一個香吉士和一個蘋果。

沒想到小煎餃才剛入口，實在太鹹，子晴根本吞不下去。但是，都弄了這麼一大盤，結果太鹹該怎麼辦呢？不想浪費食物，子晴只好煮一鍋熱水把小水餃倒進去過個水，本來金黃酥脆的小煎餃瞬間變成軟軟的小肉捲，沒有美麗的形狀，也只稀釋了一點鹹味，但勉強還能入口。子晴也將就的吃這個充當一頓午餐，好在水果酸酸甜甜，很夠味，才彌補了子晴吃這一頓不美麗又不好入口的食物的遺憾。

吃飽飯，子晴慵懶的躺在沙發上看書，不知不覺看到睡覺，也就睡了一頓舒服的午覺。醒來，精神飽滿的子晴想出去跑跑步，流流汗，也通一下身體裡的氣血。換了衣服，臨出門前塞了一張信用卡在隨身腰包裡，子晴打算等跑完步後順路去超市再買點食材。

這一次子晴沿著米蘭紀念公墓跑，子晴在地鐵出口處打開 App 後，就邁開大步的跑了起來。

這條路線經過了幾個小公園，剛好碰到當地學校的放學時間，子晴看到幾個看起來像中學生年紀的少男少女三三兩兩走在一起，一邊嬉鬧，看起來十分無憂無慮，子晴不禁替台灣的同年紀孩子羨慕起他們。在這時間點，台灣的學校才要上第七節課，之後還有第八節課以及夜間輔導，哪有辦法像這些義大利的中學生在陽光下一群群嘻嘻鬧鬧的一路玩回家，就算

據說這是義大利小水餃，子晴對自己煎好的成品很滿意

淋上青醬的義大利小水餃，色澤很漂亮但鹹得難以入口

是小學生也沒有辦法吧？台灣的小學生這個時間點應該是剛出校門要踏上安親班專車的時刻，但義大利的小學生正在公園玩耍，他們的家人也在公園樹蔭下聊天看書，十分悠閒。子晴打從心裡覺得這才是生活吧！如果台灣也能有這個條件，子晴和宇豪是不是就能勇敢地結婚生子呢？如果子晴可以勇敢答應與宇豪共組家庭，恐怕現在也有一兩個孩子了吧？宇豪的父母也不會一直幫宇豪安排相親。子晴心中又另外浮現柳經理的話：「你應該要踏出你自己的舒適圈，勇敢去冒險，不管是在生活或是在工作上，不要把自己的責任推給大環境。」仔細想想柳經理的話似乎也有一番道理。

從這個方向一路跑下去，越跑越偏僻，最後跑到好似高速公路的旁邊。子晴停下來往四周張望一下，無法決定該繼續往前跑還是要轉往哪個方向？乾脆往回頭跑，回頭一路越跑越順，竟然一不小心跑過了住處，最後再繞回來。子晴跑得滿身汗，決定還是先回住處擦擦身子換件衣服再帶個購物袋去超市購物。

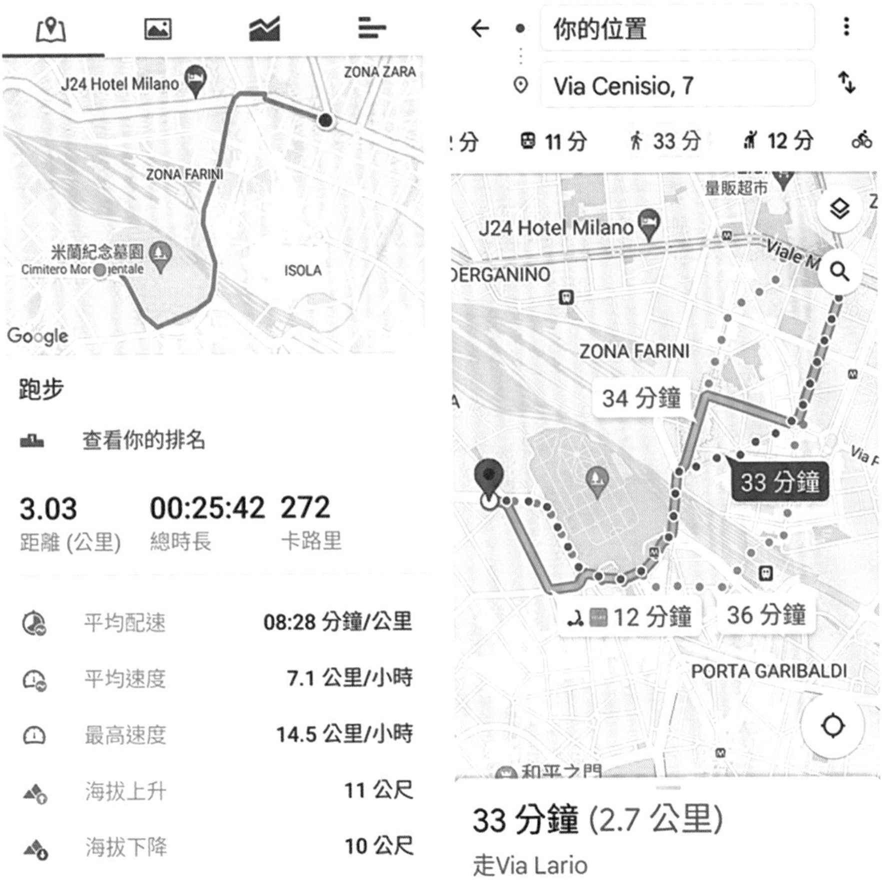
J24 Hotel Milano
ZONA ZARA
ZONA FARINI
米蘭紀念墓園
ISOLA
Google
跑步
查看你的排名
3.03
距離 (公里)
00:25:42
總時長
272
卡路里
平均配速
08:28 分鐘/公里
平均速度
7.1 公里/小時
最高速度
14.5 公里/小時
海拔上升
11 公尺
海拔下降
10 公尺
你的位置
Via Cenisio, 7
11 分
33 分
12 分
量販超市
J24 Hotel Milano
ZONA FARINI
34 分鐘
33 分鐘
12 分鐘
36 分鐘
PORTA GARIBALDI
和平之門
33 分鐘 (2.7 公里)
走Via Lario

順著米蘭紀念公墓慢跑

在超市選購了一些看起來像是牛肉的肉片和蔬菜、水果。子晴之前有查過那些肉類的義大利文單字，想搞懂標籤上的意思，但是，標籤上並不是單純的只寫牛肉、豬肉等，還詳細的寫了肉的部位等等，讓之前不常下廚不熟食材的子晴根本搞不懂差別，子晴只好用最原始的方式用顏色來判定。

結帳時，子晴看見她的二樓鄰居華特也在旁邊排隊結帳，兩人幾乎同時結好帳，不過華特沒有帶購物袋，跟店家只買一個袋子也似乎不太夠裝他買的那些冷凍食品，子晴大方的將多帶來的一個購物袋借給華特，之後兩人邊走邊聊一起回去。

在路上，華特告訴子晴說他太太去日本探望女兒了，自己工作忙沒空做料理，先吃這些冷凍食品等著太太回來。子晴開玩笑說，這樣太太會不放心，下次不敢出遠門喔！華特回以淺淺的笑容，然後問子晴是為了什麼來米蘭，子晴思考了一下回道這趟米蘭之行是為了給自己一段空白時間思考，也是一趟米蘭的深度旅行。華特意味深長地頻點頭。

兩個人在公寓二樓等華特拿起自己買的東西，將購物袋還給子晴後就互道晚安分開了。

Day 8

歌劇的故鄉

五月二十八日（週六）

義大利是歌劇的起源國家，而米蘭的史卡拉歌劇院又是世界上著名的歌劇院之一，既然都來到了米蘭，哪有不去朝聖一番的道理？子晴在史卡拉歌劇院的網站上查了一下這一季的表演節目表，發現六月七日有一齣《歌女喬康達》（La Gioconda）的演出，雖然對這齣歌劇不是很熟悉，但是還是決定買票去觀賞一下。

雖然網路也可以買票，但是子晴想去米蘭市區最大的書店 Hoepli 逛逛，買朵拉老師推薦的義大利文教科書，再順道去史卡拉歌劇院買票及參觀。

位於市中心的 Hoepli 書店也是義大利最大的書店，總共有五層樓，其

參觀史卡拉歌劇院內部，當天有樂團正在彩排

中第二層樓還有個活動空間可以辦講座等活動，朵拉老師說所有你想要的書都可以在這裡找到。子晴喜歡看書，也喜歡逛書店，即使在這大部分都是看不懂的文字的書店，還是想慢慢的逛、細細的看，拿起一本繪本，慢慢地從封面翻到最後一頁、猜猜書中的故事；再拿起這裡的各式雜誌翻一翻，看看義大利人都在關心些什麼？這樣竟然也逛了快兩個小時。

從 Hoepli 書店走到史卡拉歌劇院只要五分鐘，但是時間已經是中午快一點了，子晴決定就先找一家餐廳吃午餐。經過路旁幾家餐廳後，子晴在接近埃馬努埃萊二世拱廊附近一家有帥氣服務生的餐廳坐下來點了一份披薩。子晴看不懂菜單，其實不太知道自己點的到底是怎麼樣的披薩，只知道菜單上的圖片顯示，披薩上面會有薄薄一層臘肉。

當披薩送上來後，剛入口的時候那層薄薄的披薩讓子晴覺得很鹹，但是慢慢吃發現臘肉入口即化，十分好吃。不過，子晴還是很慶幸自己有點一瓶可樂，不然這臘肉吃多了還真是鹹得受不了。

史卡拉歌劇院內部華麗的水晶吊燈

吃完披薩慢慢走到史卡拉歌劇院前，講老實話，這座歌劇院外型一點都不起眼，但是從一七七八年啟用至今已有二百四十四年的歷史了，現在看起來樸實不起眼的建築在當時肯定是很壯觀，一直是很令米蘭人自傲的經典建築吧！

子晴在正門再度研究了一下當季的表演節目表後，就繞到左側門的購票處進去購票，一個壯碩的男子教子晴先在入口處樓梯前的電腦先建立一個帳號後，再下去地下室櫃台選位購票。櫃台小姐也會說點英文但口音不容易聽懂，花了點時間才挑到一個側面包廂的二號座位，小姐說應該是還不錯的位子。買完票之後，心情很好，也就順道到史卡拉歌劇院的博物館參觀。

進到博物館三樓後，入口處有工作人員解釋，如果要參觀歌劇院就要先排隊，如果想先參觀文物就直接右轉自由參觀。子晴迅速思考了一下，決定先排隊進去歌劇院參觀，內心的考量是先了解歌劇院內部設計，六月

史卡拉歌劇院內的側面包廂，每個包廂裡都有參觀的人

七日來看歌劇時也比較知道狀況。當隊伍進入歌劇院大廳看到那華麗的水晶吊燈和藝術家的海報立牌時，隊伍之中此起彼落響起小小聲的讚嘆，大家趕緊拿起手機來拍照，子晴忍不住跟著激動起來，也拍了不少照片。再往劇院裡面走又有幾個工作人員在隊伍最前面把關，其中一個問子晴和前面的兩個老太太是一起的嗎？子晴搖搖頭，指著自己用義大利文說「一個人」，其中老太太回頭對子晴笑一笑，又對工作人員說了幾句話，後來前方的工作人員對隊伍前的工作人員打個手勢，隊伍前的工作人員就讓子晴和兩位老太太一起往前進入某個包廂內，原來這是讓觀光客可以從包廂參觀劇院啊！

子晴和老太太們所在的包廂看起來應該是位於五樓，從包廂望下去整個劇院一目瞭然，雖然距離舞台有點遠，但是也能看得很清楚有人在舞台上走動著，三把大提琴和幾個定音鼓放在舞台上。兩位老太太彼此研究著劇院說著話，剛開始也想跟子晴說說話，但後來發現子晴不太會說義大利文後就只會偶爾對她笑一笑而已，彼此不再多說話了。

子晴和老太太們在包廂裡待了約二十分鐘後，當她們離開包廂後，儘管子晴還想多待久一點也不好意思一個人留著，子晴也就隨著她們走出包廂，前往博物館去參觀文物了。

子晴在小學的時候也學過音樂，曾經想過念音樂班，但是終究沒能考上，畢竟真正能踏上音樂之路的人要能耐得住寂寞與辛苦，一遍又一遍的練琴，子晴無法練琴練到忘我的那種程度，所以只能留在欣賞音樂的範圍。博物館裡眾多的音樂家雕像與畫像對子晴來說都是陌生的，她只能看看門道而已。倒是在歌劇戲服的展示區，子晴看得津津有味，想像著過去的歐洲音樂家穿上那些戲服在劇院唱著歌劇的畫面。

男友宇豪曾經開玩笑的說「歌劇就是歐洲的歌仔戲」，子晴覺得不管是歌仔戲也好，歌劇也好，日本的能劇也好，只要是能感動人心，讓觀眾回味無窮的都是了不起的藝術。

今晚，子晴一定要跟宇豪說自己真的去買了歌劇票，準備要在歐洲最偉大的史卡拉歌劇院看一齣長達四小時的歌劇了。

Day 9

工作之於人生的意義

五月二十九日（週日）

來到米蘭已經一周了。在二〇二〇年初，全世界都在電視上看到義大利受到新冠肺炎無情的摧殘，總是觀光客絡繹不絕的義大利各景點不要說觀光客了，連當地人都不見了，全國宛如死城。時隔二年多，子晴來到米蘭，眼前看到的是已經恢復以往優雅的米蘭，在生活中不慌不懼的與病毒共存。在公共交通工具上規定要戴口罩，每個人都有戴，如果有人一時忘了戴上口罩，其他人不會指責他、檢舉他、排斥他，慢慢等他自己想起來再戴；走在路上，是開放的戶外空間，可以不用戴口罩，但是如果有人想戴也無所謂，這是個人選擇，個人的生活。子晴喜歡這種舒服感。

已經與病毒共存，一起優雅生活的米蘭，在周末時外頭的人潮還是不比台灣擁擠。觀光景點的人潮當然是比較多，因為觀光客已經慢慢回流了，但是在一般街道上大多數的商家都會在周末休假。

在台灣，周末通常是大家紓解一週上班上學的壓力，最愛往外跑的時候，不管是去從事戶外活動或是逛街看電影等室內的活動，商家當然也不捨得放棄周末賺錢的機會，一定會配合客人而開店，總之在台灣的周末外面總是人潮洶湧。

在疫情期間，大家在家躲疫情躲了一陣子後，不僅恢復原來的習慣，而且變本加厲出現所謂的「報復性出遊潮」，說起來台灣人還真不喜歡窩在家裡啊！

週六早上，子晴先用吸塵器把公寓木質地板都吸過一遍後再用半乾的抹布擦過，然後再舒服的半躺在沙發上複習一下義大利文，中午自己煮了肉醬義大利麵吃。

義大利麵條煮起來雖然耗時，但其實沒有很繁瑣的程序，而且子晴在超市買了肉醬罐頭，再加一點綠花椰菜和小番茄點綴就看起來有模有樣了。只不過一個人的量還是不好抓，子晴把煮好的麵分成兩盤，想說吃不完的話，就只好包起來冰冰箱，等晚上再拿出來微波後當晚餐了。

吃完午餐，看看外頭豔陽高照但氣溫還不至於太酷熱，子晴決定到斯福爾扎古堡（Castello Sforzesco）去逛逛。

從有噴水池的正門走進斯福爾扎古堡，一進門就看到圍牆內廣大的廣場，子晴忍不住猜想在十四世紀統治米蘭的斯福爾札家族，住在這兒時會在這廣場中做甚麼呢？閱兵嗎？那場面搞不好跟古代中國臣子們上朝時一樣壯觀吧！不過，此刻豔陽高照，廣場中央沒有遮蔭的地方，每個觀光客都是快步往裡面走。走到裡面有博物館有咖啡廳，但是今天子晴不想進博物館，因為聽說這裡總共有五個博物館，要花很多時間慢慢看。而此刻她也還不想喝咖啡，所以就繼續往裡面走，走出古堡進入了米蘭最大的公園——森皮奧內公園。

公園內的樹木都異常高大，雖然不知道這些樹是不是古木，但是子晴從樹下往上仰望，真的覺得每一棵樹都是高聳入雲啊！樹木多且挺拔高聳，樹下也有一片廣大的樹蔭，但是樹蔭的草皮都還是乾爽舒適，沒有台灣常見的陰涼處潮濕感。每一片樹蔭下都有四五群人或躺或坐，或聊天或看書或唱歌或玩牌，好不愜意。

子晴在一張樹下的長椅上坐下來，微風稍稍吹來時吹開子晴頭上的樹枝，陽光就會適時撒在子晴的臉上，這樣剛好。當子晴閉著眼睛幾乎要打盹時，一個半熟悉的聲音喊她：「嗨！子晴。」

子晴睜開眼睛一看，是二樓的鄰居華特，他穿著優閒的Polo衫和短褲，騎著腳踏車，就停在子晴眼前。華特停好腳踏車後在子晴旁邊坐了下來。

「妳來散步？」華特開口問道。

「是啊！你呢？」子晴瞄到華特的帆布包裡都是書，就問「你去圖書

從斯福爾札古堡穿過森皮奧內公園就能看到這座和平之門

館嗎？」

「是的，我想趁我老婆不在家稍微整理一下廚房和衛浴，找一些書看看有怎樣的設計。」

「你們不委託專業的人來做嗎？」

「我會委託專業的人來做啊！但是自己心裡也要有構想，才能跟專業設計師討論啊！」

「你不用問老婆的意見嗎？」

「會呀！跟她視訊的時候問，還有去跟我岳母吃飯的時候也會問問岳母的意見，因為我岳母很了解我老婆的喜好。」

「你岳母現在在……？」

「在養老院，她八十八歲了，身體不好，需要有專業的照顧。不過，我們每個禮拜都會去看她和她吃飯。」

「即使老婆去日本看女兒，你也會自己去看岳母？」

在和平之門前回頭望斯福爾札古堡

「是啊！因為那是我的家人啊！」

「嗯！」子晴心裡想著，想不到義大利人如此注重親情與家人。

「子晴，妳上次說妳來米蘭是為了給自己一段空白時間思考，妳都思考哪方面的事呢？可以跟我分享嗎？」

雖然認識時間不長，但華特讓子晴覺得很可靠，不知不覺就把自己在工作上的苦惱全部向華特傾訴。華特一邊聽一邊點頭，偶爾有聽不懂的地方會發問確認，並沒有做任何評論，只是靜靜傾聽並讓子晴一口氣說個夠。

沒想到子晴一說就說了近一個小時，華特說：「很有趣，很高興妳能跟我分享你的工作故事，或許下次我們可以有更深入的討論，首先我比較好奇妳覺得工作是為了什麼？工作在妳人生中有多大的重要性？」

這問題讓子晴一時不知該如何回答，自己從沒認真想過這種問題。華特看著困惑的子晴說：

「妳不用現在就回答，反正妳還有時間，我們還會碰面，下次再跟我分享就好了……」華特的寬容讓子晴鬆了一口氣。

這場讓子晴盡情傾吐的討論就在這兒畫上休止符，華特先騎了車回去，子晴也慢慢向前走，經過了壯觀的和平之門，拍了幾張照後再慢慢走回公寓。

Day 10

人生中的迷霧

五月三十日（週一）

工作之於人生的意義到底是什麼？工作在子晴人生中具有什麼樣的重要性？

工作在每個人一生中的優先順位都不同，工作在子晴的人生中到底是第幾順位？華特給子晴的這些提問看似簡單其實是最難的。

子晴在台灣的朋友們聽到她要被調動工作，調動到對她而言是全新的領域，這份新工作雖然讓子晴可以升官又加薪，但是卻是有名的險惡職場。每個朋友莫不開始撥起心底的算盤，開始幫她做分析。有的說依這個調薪幅度加上業績分紅，子晴應該值得一試；有的說依子晴純真的個性，面對這樣險惡競爭的職場，精神壓力大，恐怕很快就陣亡，反而讓自己的職涯受挫。種種分析之中就是沒人問過子晴，工作對子晴的意義是什麼？子晴為了什麼而工作？

子晴和宇豪從大學時期開始交往至今也超過十多年，兩人還沒有結婚的打算，沒有結婚，沒有孩子，沒有房貸，沒有經濟壓力，那麼子晴是為了什麼而工作？子晴又希望在工作之中追求些什麼呢？

子晴已經在現在的實驗室工作了十二年，很多工作項目對她來說幾乎快要達到閉著眼睛也能做的熟悉程度了。子晴閉起眼睛來試著回想這十二年裡自己覺得愉快的時刻、難忘的時刻。

子晴一直覺得自己很幸運，這個微生物實驗室是她的第一個職場，雖然十二年來同事們也有來來去去，但是她碰見的都是好人。

子晴記得有一陣子，她們這群年紀相仿的同事常常在下班後一起去吃飯、唱歌，生活過得輕鬆又開心，但是慢慢的大家的生活各自有了改變，有人結婚、有人換工作、有人為了孩子而回歸家庭，好像大家一步一步邁向成人的世界後，原先單純的愉悅也減少了。但是，嚴格說起來這種應該是屬於人生階段的愉悅，不一定與工作有關，或許在別的職場也是這樣的情景吧！

那麼跟工作有關的回憶有哪些呢？子晴再努力想想。

子晴想到了很多年前，自己剛進入這間微生物實驗室，某個周五正當大家覺得工作清閒，可以準時下班快快樂樂的過周末時，突然送來大量檢體說要緊急化驗。聽說是南部某高中到北部來做畢業旅行，中午同學們在海鮮餐廳吃完午餐後，有近二十多個同學上吐下瀉到近乎脫水而送醫院，其他覺得反胃想吐的同學也不少。醫師懷疑可能是沙門氏菌感染，緊急採檢，要求以急件做化驗，醫院檢驗科容納不下這麼多的檢體量，所以就外包給子晴工作的這家微生物實驗室。

在週五的下午緊急接下這個工作，讓她們實驗室的人周五夜晚的計畫全泡湯了，因為當她們做完最後一個化驗，將報告送出時已經是深夜一點半了，五、六個年輕人一起漫步在深夜的台北街頭，沒有喧囂的音樂，寧靜的夜裡只有夏夜的微風和天空明亮的一輪明月，子晴忘不了那個夜晚心底的成就感。或許這才是工作真正的意義吧！

如果以這個回憶來說，這種極大壓力之下，拚盡全力達成目標的工作，給子晴帶來的是莫大的成就感與難忘的快樂，可以說子晴適合追求目標與有壓力的工作環境嗎？

子晴又想起有一陣子，她們實驗室有一個個性安靜不喜與人交際的女同事，這個女同事通常不會造成其他同事的困擾，但是個性一板一眼不喜歡變動，所以在排班表時也比較讓別人沒有彈性。有一次，某個同事臨時接到南部家裡來電，需要請假回南部一趟，那位同事原想私下跟那女同事協調調班，無奈那位女同事就是堅持要維持已排定的班表，理由是她已依據這個班表排定了自己每個夜晚的活動，眼看著協調就要破局了，當時還沒有擔任主任的子晴主動跳出來跟那位女同事溝通。子晴了解了女同事的個性，知道她的作息是會去外面的健身房或讀書會參加活動，不願意調班是因為她不擅於開口與別人調動自己的活動時程，子晴陪著她跟讀書會請假並請讀書會的好友將資料留給女同事參考，讓女同事可以空出一天以便配合調班。當然也請要回南部的同事帶一些南部的好吃土產讓女同事可以在讀書會分享，就這樣完成了一次外人看來很不可能的調班安排。

子晴也是從那時起覺得自己或許在人際溝通上還有點能力吧？這樣說起來，柳經理幫她安排的那個旁人看來險惡的職場，會不會也是因為溝通不足，所以團隊之間信任不足呢？

子晴想了一個早上，感覺好像快要從一團迷霧中找到出路了，但尋覓出路的思考一停下來周邊的霧彷彿又籠罩過來，她已經努力思考得有點疲累了，她想出去透透氣，但又不想走遠，就去附近的唐人街走走吧！

假日時，米蘭本土的商店會關門休息，超市會提早打烊，但是唐人街的華人商店不會，因為比起生活樂趣，華人更看重工作。即便只有少數顧客，華人也捨不得不開店，因為假日開了店就會吸引更多顧客，這樣華人更不可能在假日休息。這真不知道是叫做好的循環，還是惡的循環，總之在華人社會裡，工作與生活平衡這個議題被排在很後面啊！

今天是週一，唐人街裡除了平常就會來採買的亞洲人之外，還多了不少觀光客。中午子晴在唐人街吃到思念的炒空心菜和炒米粉，再逛逛亞洲超市買了一些泡麵回去，以便自己懶得煮飯時還有簡單的東西可以吃。

Day 11

開心享受愛情

五月三十一日（週二）

柳經理安排的系列課程，前面兩堂講完了台灣醫療器材的基本法規和行銷概念，這周要開始介紹醫療器材市場的現況與分析，所以課程也因換成不同的講師而把本週上課的時間調整到周二和周五。市場的現況與分析比較偏向經濟與商業方面，對商業不感興趣的子晴，不知道自己是否能夠確實吸收上課內容。

一大早外面就飄著細雨，子晴還是按著計劃洗了衣服，因為這間公寓並沒有可以曬衣服的陽台，曬衣服只能用室內簡易曬衣架，也無法曬太多衣服，所以不管天氣如何，子晴還是維持兩天就要洗一次衣服。還好，米蘭的氣候乾燥，即使衣服曬在室內也不太會增加室內濕度，讓人感到不舒服，而且也能確實曬乾。

做完家事，子晴再稍微複習一下基本行銷概念，中午用在亞洲超市買到的台灣麵條和菠菜、肉片煮了一鍋麵，麵雖然不多，但是這裡要倒廚餘挺不方便的，所以子晴努力的把整鍋麵湯也喝完，肚子都快撐破了的感覺，所以也吃不下水果，泡杯咖啡就開始上課了。

果然是自己不感興趣的領域就難以打起精神來聽課，當講師努力解說著各種一、二、三級醫療器材的市占率情形，以及分析未來醫療專業用及個人用醫療器材的市場走向時，子晴忍不住打了好幾次的瞌睡。對於個人用的醫療器材，子晴心底認為這應該就像藥品，如果真的有需要自然會買來使用，如果沒有必要，硬要強迫人買也是不道德的吧？就像前一陣子台灣也有些人搶買血氧機儲備，子晴就很不能理解，保護自己應該是首要的吧？與其買血氧機倒不如多準備些防護用品。

上完課雨還是沒停，子晴對於今天上過的課沒有心理的充實感，反而感到有些空虛，乾脆打開Neflix把前兩天看到還蠻有趣的義大利浪漫喜劇《心碎者占星指南》給追完好了。

這齣戲讓子晴又更加認識了義大利這個民族的文化。讓子晴有感的不是其中的浪漫愛情（當然，男主角Michele Rosiello很帥、女主角Claudia Gusmano很可愛，這也是一個原因啦！），讓她最有感的是以下幾點：

首先，義大利人比想像中更重視家庭。女主角艾莉絲常常接到父母一通電話就開車回家吃飯，甚至連她的前男友聽到艾莉絲撒謊說媽媽身體不舒服，來逃避前男友對現任女友的求婚派對時，前男友事後還會打電話主動關心前女友的媽媽。

占星師迪歐一直在照顧失智的外婆，甚至為了要照顧外婆或是和男友的媽媽吃飯的優先順序而爭執。

過去習慣看好萊塢影集的子晴，被好萊塢影集誤導的以為西方人長大了就會離巢、久久才和家人聯絡一次。而連亞洲的日本也幾乎都是孩子上大學或就業後就會自己獨立生活，而且不一定會常常回家的，這影集讓子晴刷新了三觀，發現原來在歐洲還是很注重家庭關係的。

再來，子晴很欣賞女主角艾莉絲勇於面對問題的態度。

女主角在這齣影集中一開始就失戀，自己透過占星術想追尋下一段愛情，也將這種手法拍成了星座版的《我愛紅娘》。她的生活除了愛情不穩定之外，有占星師迪歐和閨密寶拉支持著她，還有前男友和他女友三不五時也會來煩她。在小小的電視台職場搞著複雜的人際關係，但是讓子晴驚訝的是她一定會想辦法跟對方好好做溝通，不管是死纏爛打的道歉語音訊息或是直接面對面的對話。在子晴看來，她是個勇於面對的人啊！

如果這也是普遍義大利人的處理事情風格，其實很值得學習啊！因為在台灣，很多人的處理方式應該是一走了之，到新環境去另闢戰場吧？

最後是這齣戲沒有亞洲劇中常見的灑狗血橋段。艾莉絲和她的上司出差到巴黎並浪漫了一個晚上後，上司的女友找上門跟艾莉絲吃一頓和解飯（這很厲害，兩個情敵怎麼可以那麼優雅的吃飯、對話？）。後來艾莉絲那帥氣的上司什麼都沒說的辭職前往香港，艾莉絲也到羅馬發展新事業。當艾莉絲的新事業蒸蒸日上，男主角又跑回來找她，艾莉絲竟然不哭不鬧的對著男主角說「我早就想對你說了，我對你一見鍾情」。然後，兩人就迫不及待的抱在一起就是要忘記之前的不順遂，趕緊享受兩人的美好時光。義大利人還真是坦白直率啊！

如果子晴也能坦率的跟宇豪好好討論，自己因為原生家庭的不美滿而害怕婚姻的話，是不是他們倆人早就找出解決辦法而步入婚姻的殿堂了。

先不管現實生活了，子晴好想推薦宇豪也看看這一齣輕鬆無負擔、好看的戲，讓宇豪也了解一下義大利的文化。

這一陣子每天都和宇豪視訊，感覺又恢復了熱戀時的甜蜜，看著宇豪

Day 12

心靈晚餐

六月一日（週三）

今天子晴又去附近隨意跑跑步了，她先是往唐人街的方向跑，中途被其他有趣的建築物吸引就轉向，左轉右轉後，今天跑出一個把附近兒童醫院框在中間的多邊形。路程大約三公里，就差不多是在台灣時自家附近的小公園跑六圈的距離。

這條路線讓子晴發現另一家比二十四小時家樂福超市更大的超市Esselunga。子晴感興趣的不只是這家超市，還有她今天經過時，旁邊的道路正在清洗，從那些垃圾及路旁堆放著等待回收的紙箱和塑膠箱看起來，這超市旁邊似乎有市集，只是現在市集已經打烊了，正在清洗市集所在地的街道。子晴決定改天來看看這個市集。

當子晴回到家要進大門時剛好碰到穿著休閒服的華特。原來華特今天沒有上班，休假在家和工匠一起整修家裡的廚房和衛浴，工匠剛剛結束工程離開。華特想出去吃晚餐，既然碰到了子晴，就問子晴要不要一起去家樂福超市圓環對面有一家叫做檸檬壽司的日本壽司店一起吃。子晴要華特先到餐廳等她十分鐘，她換了衣服立刻過去。

華特和子晴都點了啤酒，一邊吃著壽司一邊聊天。子晴告訴華特，經過上次在森皮奧內公園的談話，回去後她想了好久，覺得目前工作在她生命中的重心大約七成，大部分的快樂與成就感都來自工作，如果新的職務也能夠維持讓她有快樂與成就感，她也不會拒絕。

華特聽到這些又問，那過去你工作上的快樂和成就感是怎麼來的？子晴細細道來，之前她回想過去種種快樂情景，華特回應了「嗯！你的快樂宛如學生般單純，下班後和好同事一起去吃吃喝喝、唱唱歌，和學生放學後跟同學一起打打球、嘻笑打鬧是很類似的單純快樂，其實跟工作內容不太有關係，這樣的快樂應該可以很容易找得到，像是參加一些義工團體或學習團體，就可以輕鬆獲得這種單純沒有競爭的快樂，基本上就是亞洲人說的人和就快樂。你除了工作之外沒有參加外面的社團或活動嗎？」

子晴被華特犀利的分析及問話嗆得無話可回應，傻楞楞的看著華特。子晴的確除了工作之外沒有在外面參加任何社團活動，她目前往來較頻繁的朋友也就是工作上的同事。

華特又說道：「那再告訴我，你從工作中得到成就感的經驗吧！」子晴說了那個難忘的週五：接到緊急任務，她和幾個同事臨時留在實驗室一起當天拚完所有檢體化驗。還有幾次同事之間調班不順暢，同事之間幾乎要鬧翻，她努力協調溝通之下終於讓事情圓滿解決的經驗告訴華特。

華特聽完後長長的一聲「嗯」，然後就沉思了一會兒。子晴偷窺著華特的表情有點擔心，實際上此時此刻子晴的心情就像在和大學導師討論是否參加直升研究所甄試還是先就業，華特就像是一個值得信賴的導師。

華特說：「雖然你說你害怕新環境裡同事們的勾心鬥角，但是你畢竟還沒有實際去經歷過新環境，而且你有發現自己其實很喜歡在人群之中，也頗為擅長處理人際之間的事嗎？雖然你說你喜歡做實驗，但是你好像喜歡跟同事朋友在一起做事啊！而不是一個人孤獨地在實驗室操作實驗，對吧？你有發現嗎？」

這次換子晴沉思了，子晴一直覺得自己適合實驗室的工作，因為實驗室工作既是一個分工極細的團隊工作，另一方面又是獨自完成自己所分配到的工作，子晴覺得在這種有規則、有距離的人際關係中工作最舒服了，她從沒有發現自己喜歡處於人群之中。

華特繼續說：「你應該再多花點時間聽聽自己內在的聲音，去挖掘自己到底是怎樣的人，喜歡怎麼樣的工作環境，這樣才能真正評估新職務適不適合你？或者要怎樣把新環境變成適合你的工作環境。」

「把新環境變成適合你的工作環境。」就是去改變新職務的團隊嗎？子晴從來沒想過這個，自己和朋友們一直是用被動的觀點去思考適不適合這個環境，沒有想過去改變那個團隊，這會不會太難了一點呢？

子晴今天花了很多時間敘述自己過往的工作環境及經驗，這餐飯都吃了兩個多小時了，臨走前華特說：「下次有機會的話，來聊聊你家庭裏的人際關係吧！」

華特於是先主動聊起他的家庭，他告訴子晴他太太叫克勞迪亞，是米蘭人，在中學教英文。華特當年被公司派駐米蘭時認識他太太，一見鍾情後結了婚，從此定居在米蘭，不知不覺都過了三十多年了。

子晴覺得這真是浪漫的愛情啊！

這個晚上子晴失眠了。原因之一是因為華特的話讓子晴又有了新的思考方向，她的腦袋又開始不停的回顧：自己過去學生時代的經驗與在這份工作十二年來的種種回憶，另外一個原因是今晚樓下的餐館有派對，客人嘻嘻鬧鬧還有卡拉ＯＫ唱歌。樓下這批客人不知是怎樣的族群，他們唱了很多西洋老歌，像是子晴學生時代學習英文時所學的那些歌曲，當唱到這些名曲時店裡的客人都會齊聲合唱，宛如開小型演唱會，好不熱鬧！子晴並不討厭這樣的歡樂氣氛，甚至聯想到華特說的子晴其實就是喜歡這樣單純的快樂。只不過，樓下這一組客人一歡唱就唱到晚上十二點多，似乎也沒聽到左右鄰居的抗議，更沒聽到警車前來制止的聲音，就這一點，子晴體驗到義大利人的寬容，這種行為要是在台灣肯定會被檢舉的。

Day 13

異國遇同鄉

六月二日（週四）

上次和朵拉老師碰面時，朵拉老師說過她妹妹想換工作，最近也剛離職，如果子晴停留在米蘭的時間裡想要面對面上課的話，朵拉可以安排請妹妹和媽媽幫忙帶孩子，她就可以出來找個咖啡館上課。所以，今天子晴就跟朵拉約好早上十點到十一點上課，地點就約在朵拉娘家附近的一家 Bar Conservatorio。

朵拉的娘家在米蘭威爾第音樂學院的附近，朵拉自己在小學時期也參加過米蘭威爾第音樂學院為小學生所辦的活動，但是最終還是沒有走上音樂之路，不過嫁了一個製作小提琴的先生，現在生活中還是離不開音樂。

培育許多音樂人才的知名米蘭威爾第音樂學院

子晴比朵拉早抵達這家位於分叉路口的咖啡館，從大門來看會以為這只是一家小小的咖啡館，其實裡面座位還不少，內部採咖啡色調的裝潢與桌椅，看起來有點懷古的味道。子晴看到隔壁客人點了一杯有漂亮拉花的咖啡，很想跟著點一杯，但是不知道要怎麼說，朵拉又還沒到，所以子晴還是先點了一杯小小的 expresso 咖啡，想說之後第二杯再麻煩朵拉教她如何點咖啡了。

朵拉大約在十點五分抵達咖啡館，她剛把寶寶交給娘家趕過來，一進門就向子晴說抱歉、遲到了。子晴看朵拉已經是趕路趕得有點喘的模樣，內心很是憐惜，女人無論在哪一個國家只要是當了媽媽就是生活戰鬥的開始，同樣身為女人，對於處於女人人生中最辛苦階段的朵拉，只有同情，哪裡還會在意她的遲到呢？

子晴和朵拉在咖啡館裡用前些日子買的那本《Buona Idea》上課，當然中間是用中英文夾雜著解說，早上咖啡館裡客人也不算少，但是大家好像已經對這種外國人學習義大利文的情景已經習以為常了，沒有幾個客人會多看她們幾眼，不管是在閱讀或是滑手機，還是和朋友聊天，每個人都是沉浸在自己的小天地。反而是子晴分心去注意其他客人，發現在這店裡的客人有黑人有白人也有黃皮膚的亞洲人，大家都很自在，子晴心裡想這才是多元的國際社會吧！

上完了課，子晴和朵拉稍微小聊了一下，子晴問朵拉為什麼她要一邊照顧幼兒又一邊想辦法工作呢？朵拉在經濟上看起來並沒有需要這樣努力的打拼。朵拉解釋這不是為了經濟上的打拼，是為了肯定自己，肯定自己除了身為媽媽之外，還有社會性的功能、還有一份專業，不致於因為全心照顧孩子而失去自我。

原來，工作之於朵拉是一種肯定自我的重要元素啊！

子晴和朵拉在咖啡館分開後，子晴在附近隨意散散步，走在米蘭威爾第音樂學院圍牆旁的時候不時聽到裡面傳來各種樂器的練習聲音，子晴想

連路旁的自行車也充滿藝術感

到小時候練琴的辛苦，以及練了很久還是達不到老師的要求，自己躲在琴房偷哭的回憶，這時候就更加欽佩這些從小學琴還能堅持到現在的人，真的很了不起。

子晴走到音樂學院的前門，入口小小舊舊的，但設有新式的電子閘門，讓本來想隨意進校園參觀的子晴放棄進去，只能在門口往裡面張望一下。當她要轉身離開的時候剛好有一對亞洲面孔的母子走了出來，一走出來那位媽媽就急著問兒子說：「剛剛那個行政人員說甚麼？你系統上的名字能改正嗎？」兒子輕輕回答說：「他說那個小小錯誤不會影響到考試，現在不用急著改，因為他們最近為了入學考試也很忙，他要我收到註冊通知時，在註冊系統上改成正確的名字就好了。」媽媽像是自己呢喃般的小聲說：「也對，連入學考試都還沒考，只要不影響到考試就好。」

子晴聽得出來這對母子的中文口音是台灣腔調，她們一定是台灣人。當母子才超越子晴沒多久，兒子就在前方蹲下來繫鞋帶，媽媽站在旁邊等。當子晴超過他們時，回頭看一眼卻剛好跟媽媽的眼神對上，子晴忍不住點了頭說了一句「您好！」，媽媽聽到中文就親切的笑開了，她也回了一句「您好！」，後來媽媽又追問一句「您是台灣人？」子晴笑著回應「是啊！」，媽媽也笑得很燦爛回道：「我們也是台灣來的。」

雖然只是短短的接觸，子晴和那對母子就各自走往不同的方向，子晴看著那對身高頗有差距，嬌小的媽媽跨大步追著高大兒子的步伐，臉上不由得浮起一絲微笑，這真是好短暫的萍水相逢，但是知道彼此來自同個地方，真的就有他鄉遇故人的親切感。

回到公寓，子晴上網查了一下米蘭威爾第音樂學院，是義大利排名第一的音樂學府。這所學校在歐洲本來就已經很有名了，近年來有不少亞洲學生也來就讀，特別是這所學校還和中國政府有所謂的「杜蘭朵計畫」，由中國政府出資讓一些優秀的中國學生來此學習聲樂及歌劇表演。難怪子晴感覺在那學校周邊亞洲面孔特別多，只是不知道像今天遇到的那對台灣

米蘭威爾第音樂學院周邊的街道也充滿古典歐洲風味

母子的台灣學生多不多，子晴在心底默默的祝福今天那個年輕學子能夠順利考上這間學校，夢想成真。

Day 14

念轉心就轉

六月三日（週五）

或許是這幾天子晴不停地在想工作之於自己生命裡的意義，還有昨天上課時問過朵拉的看法，華特的問題也不停的圍繞在她的腦海中，她對於工作的意義似乎有點轉變了。尤其是每天和宇豪以視訊通話時，宇豪都會耐心傾聽子晴還沒整理出頭緒的想法，經過這樣慢慢梳理的過程，子晴腦海的想法似乎也越來越清晰。

今天是柳經理為子晴安排的系列課程的第四堂課，從這堂課開始就要談商業行銷模式的分析以及市場行銷策略。子晴感覺到自己的心態已經沒有之前那麼抗拒了，她比之前更專心聽講並且認真思考內容。

以前子晴在操作的實驗室工作是實際有形體、成果明顯而且馬上立見，但是未來子晴的新工作是屬於軟體面，需要耕耘一段時間才能看得出成果，如果努力了一段時間還看不到半點成效的話，子晴自己會受得了嗎？子晴也不知道。

上完了課，子晴打算出去跑跑步，讓腦袋清晰一點。這次也沒有特定路線，就是隨意跑跑、運動一下而已。

子晴從第一次跑米蘭紀念公墓旁的路線繼續往下跑，跑過橫跨鐵路上的一座橋時，不經意往右邊張望時看到兩棟被綠意覆蓋的大樓，讓子晴忍不住停下腳步來研究一下。

原來這就是在米蘭旅遊宣傳單上被稱為「垂直森林」（Bosco Verticale）的兩棟最美的綠建築，遠遠看只看到垂直的綠意直竄天際，子晴先拍了幾張照片，等回到公寓後再細細研究有關這兩棟「垂直森林」的資訊。

子晴今天並沒有跑很遠，大概繞了一圈，大約跑兩公里多後就往回走

遠眺垂直森林就像兩棵參天的大樹

了。回程經過唐人街一帶，子晴又進去繞繞，看到一些色彩繽紛的建築，特別是有兩棟相連的房子，其中一棟外牆漆成乳黃色，另一棟外牆切成偏橘色，兩棟並連特別顯眼，子晴也拍了照片想傳給宇豪看看。

再隨意繞一繞，竟然讓子晴發現了一家店名為「台灣奶茶」的飲料店，裡面招牌上的飲料種類就是台灣飲料店必有的幾項飲料，子晴看到這些開始有一點想念實驗室裡同事常常在下午一起相邀點飲料的情景，子晴決定走進店裡點個兩杯飲料帶回去慢慢喝。

不過，當店員招呼子晴時感覺立刻不一樣了，因為這裡的店員說話是中國口音和腔調啊！子晴本來期待的台灣鄉情頓時幻滅了。子晴點了一杯經典的冰珍珠奶茶和冰金桔檸檬加珍珠，跑得一身汗的子晴期待喝到冰冰涼涼和軟Q軟Q的珍珠，但是當子晴接過兩杯飲料時的手感就已經讓她失望了。她的確看到店員加了冰塊，但是真的沒有台灣的那種冰到會讓人起雞皮疙瘩的冰，或許是因為少冰，所以感覺也特別甜。子晴下了一個結論，手搖飲還是台灣的最好喝。

不過，對於長期居住在米蘭異鄉的台灣人來說，這家「台灣奶茶」應該可以稍微一解思鄉之情吧？

回到住處大約快五點，傳了幾張照片給宇豪，因為宇豪還要趕一份簡報，所以只有和宇豪做個短短的視訊。

子晴和宇豪同居也有七年了，子晴覺得他們之間好像沒有了情人的甜蜜，反而像是家人，在一起變成是一種習慣，是生活中的一部分，有沒有結婚似乎並不重要。但是，現在分隔兩地，只能依賴視訊，當宇豪不能和子晴視訊，或者當子晴很想講話因為時差的關係無法好好說時，心底會有一絲寂寞，甚至開始想念起宇豪，感受到他在自己心中的重要性，不知道宇豪心中是否也有這樣的感覺。

子晴洗好澡、吃完晚餐後，開著電視一邊看著聽不懂的電視節目，一邊在網路上搜尋今天跑步時看到的兩棟「垂直森林」。

原來這兩棟建築的其中一棟，曾經在二〇一四年獲得國際高層建築獎，被喻為世上最美的高樓。「垂直森林」的建築師斯蒂法諾．博埃里（Stefano Boeri）說：「這種建築展示了樹木植物與人類共生的新方法，更可以為城市淨化空氣與添加動植物的生態多樣性。」

據說在這棟建築裡容納了八百棵樹木與一萬四千多株盆栽，種在每戶住戶的陽台，植物所需要的水是利用住戶使用後的廢水，而植物則可幫忙遮陽與過濾髒空氣。這樣看起來，是住戶受惠於植物較多啊！

其實這也就是住宅綠化的概念，不過換個名稱變成了「森林」，反而添增了一種「大隱於市」的禪意，是一種念轉心就轉的作法吧！

也很喜歡植花種草的子晴覺得改天再更靠近這兩棟建築去看看，或許可以學習一點新點子，回台灣之後也可以在他們家裡的陽台種點可以形成森林的植物。

想到台灣的家，那是宇豪自己買的房子，原先說好子晴只是去租其中

在鐵路軌道上方高架橋上看過去的「垂直森林」

一間房間，從這樣的機緣下兩個交往很久的人才開始同居。子晴又開始想念起宇豪了，希望他今晚就能完成他的簡報，明天兩人可以好好視訊聊天了。

Day 15

搬家前夕

六月四日（週六）

子晴開始思念宇豪了。以前下了班回到家都能和宇豪聊東聊西，兩個人的價值觀一致，跟宇豪分享心情就很開心。現在心裡想著宇豪之外，在米蘭的生活極為舒服，每天過得悠閒又不至於漫無目的的讓生活節奏混亂。子晴在這裡真正感受到什麼叫做生活，就是因為這樣舒服的節奏，讓子晴都沒有注意到住在這森尼西奧七號已經是第十四天了，明天就要搬家了。

說到搬家，這絕對不是被房東趕出去，而是子晴自己安排行程不當的結果。

今年三月份剛開始為了柳經理對子晴有這樣的職涯安排而心煩，萌生休假去放空一陣子的念頭。台灣自從二〇二〇年的新冠疫情以來一直處於鎖國狀況，讓以前每年都有安排海外休假的子晴，好想念在國外放空度假的感覺，忍不住逛逛以前出國自助行時常用的 Hotels.com 網站，逛著逛著手一滑就預訂了米蘭這間森尼西奧七號出租公寓，宇豪說這其實是子晴心裡強烈渴望下的一個反射動作。訂下這間公寓後，子晴才上網查一下現今政府對人民出國的相關規定，發現政府並未禁止人民個人的出國行程，甚至沒有需要特別申請手續，只要出去及回來時一切符合防疫規定就好。

了解了這一點後，子晴接著拜託在旅行社上班的好朋友幫忙查看一下機票，自從新冠疫情爆發以來各國的旅遊因此中斷，朋友為了生存除了硬撐著旅行社之外，還兼營其他上班族午餐便當生意等來求維持生存。朋友跟子晴說自從各國限制往來後飛機的班次也大為減少，而且機票價格也貴，不能與過去整片天空上都是飛機飛來飛去的時期相比。朋友幫子晴查過航班及機票後，發現沒有剛剛好十四天來回米蘭的航班，子晴必須改變行程，縮短或延長？這時子晴根本還沒請假呢！

宇豪建議乾脆開誠布公的和柳經理談談吧！就直接跟柳經理說，經理對子晴的職務安排超出自己以往對工作的期待，需要時間好好思考與規劃，希望能請個長假認真地思考一下。

子晴在工作上從來沒有這樣任性的要求過。她認真的思考一下自己在這間生技公司十二年來的表現，都是中規中矩，從沒讓上司煩惱，在上頭主動調動她職務之前，要求放個長假應該也不算太過分吧！子晴思考了兩天、想好了一番說詞才去跟柳經理談，而且一開口就直接說想請一個月的假。本想柳經理不同意的話，再進一步討論，沒想到她挺爽快的答應了，並且說只要事先把工作分配及職務代理人安排好，她會核准子晴請一個月的長假去放空。

不過，柳經理在子晴要離開她辦公室前，說了一句話讓子晴覺得自己陷入自己設的陷阱，柳經理說：「我深切期待一個月後，你能帶著我想要的好消息回來。」

當子晴買到了一個月的來回機票，柳經理也核准了她的假之後，她想延長在森尼西奧七號的住宿，沒想到義式生活訂房網卻說這間公寓在她初次預訂沒多久後就有人預訂六月五日之後的住宿，所以沒辦法讓子晴延長住宿。訂房網推薦了在這附近的另一間公寓給子晴，讓子晴繼續她在米蘭的假期。

子晴在網站上看了看他們推薦的另一間公寓，覺得也不錯，於是就訂了下來，這也就是為什麼六月五日子晴就要搬到新住處的原因。

雖然這趟旅程子晴並沒有帶太多行李，但是已經舒舒服服在這公寓住了兩個禮拜後要收拾行李搬家，即便是從小習慣搬家的子晴還是會覺得麻煩。

子晴想說明天要收拾行李、廚房也要收拾乾淨，等下就去家樂福買點現成可微波的冷凍食品和礦泉水，這樣就可以開始收拾廚房了。

當她正要進入家樂福時，正好碰到華特一手提了一個大購物袋，另一手挽著一位氣質優雅的女士走出家樂福，華特一看到子晴就開心地打招呼。

華特向子晴介紹，身旁的女士是另一半克勞迪亞，昨天剛從日本回來。克勞迪亞有一頭短短的棕髮且身材穠纖合度，看不出已經快六十歲了。克勞迪亞很友善的與子晴打招呼，並關心的問子晴是否習慣米蘭的生活？因為她自己去了日本一趟，體驗到亞洲與歐洲的生活習慣與文化之間的差異還不小，所以也關心一下從亞洲來的子晴是否習慣米蘭的生活。

果然是在中學教英文的老師，克勞迪亞的英文真的好聽易懂，他們三人站在家樂福門口聊了一下，當克勞迪亞知道子晴明天就要搬走時大喊可惜，不過馬上就邀請子晴下個周日到家裡來作客，簡單吃個飯、喝個咖啡。子晴覺得很開心，當然是立馬答應囉！

當他們一行在家樂福門口分開後，子晴才進去超市去採買，整個過程都喜孜孜的，因為她竟然受邀去義大利的家庭作客，真的是難得的體驗。
她今晚一定要把這個好消息與宇豪分享。

第二部
黃色公寓

搬到新的黃色公寓的第二天，又是一週的開始，不會有像在台北時「憂鬱星期一」的心情。今天要上線上系列課程的第五堂課，要討論一些行銷個案分析。子晴發現自從上次心念轉變之後，今天竟然對上課似乎還有一絲絲期待，對未來的工作，或許也可以試著用新的眼光來看待。

子晴覺得自己很幸運，能有機會在人生中的迷霧階段，來米蘭放空，她心裡想，下次要帶宇豪一起再來這裡體會不同的生活。

下定決心，一定要再來……

Day 16

另一個新環境

六月五日（週日）

子晴今天起了個大早，收拾好廚房和冰箱，以及浴室裡的瓶瓶罐罐後，把行李打包好，她又拿出吸塵器來吸一吸地板再用抹布擦一擦。雖然要搬走了，而且也許之後再也沒有機會來住這間公寓，但是子晴還是想要讓義式生活訂房網的人對來自台灣的人留下好印象。

行李打包好，整個打掃完畢，垃圾也倒了，差不多是十點半。訂房網在昨天寄來的電子郵件上說，大概十一點左右會有一位叫阿曼達的小姐拿新住處的鑰匙過來給她，這樣子晴就不用去中央車站的辦公室拿鑰匙了。

子晴一邊等一邊看著 Netflix 影片，大約十一點十分電鈴響了，子晴一開門就看到是一位美麗且嬌小的小姐，她就是阿曼達。阿曼達把鑰匙交給子晴，又交代了新住處的狀況，現在可以先過去新住處放置行李，但是新住處還沒打掃完畢，所以請子晴將行李放下後先離開到外面逛逛，大約三點前一定可以打掃好，屆時子晴就可以好好享受新住處的舒適了。

子晴心想才不過是三小時左右，她可以在附近逛逛、吃個午餐，這根本不是問題。

子晴之前慢跑時就有經過這條皮耶羅．德拉．弗朗西斯卡街，今天推著行李走過去莫約花了十分鐘。新住處外牆是黃色系，一樓挑高，大門旁邊是一家服飾店。因為一樓挑高，大門也很大，反而顯示出入口小小的，形成有趣的對照。

從出入口進去之後，是一個像是四合院圍著小廣場的設計，只不過這四面的房子都是連棟且有三層樓高，從樓上往下看頗有庭院深深的感覺。

子晴的新住處是一樓，不過在米蘭地址上的一樓其實是實質上的二樓，

黃色公寓的大門

而且重點是這裡比較老舊，連之前森尼西奧七號的鐵籠式電梯都沒有，子晴看著老舊的水泥樓梯，再看看自己的兩個大行李箱，只好認命的慢慢一階一階的扛行李上樓了。

上樓之後，門前陽台式的走道又有一番彎拐，讓子晴感覺頗有以前在電影中看到民初上海的建築感覺。子晴租的這間公寓剛好面對著另一側公寓的側面，門前有一小塊空地，空地上還有一扇木頭做的圍籬，圍籬上綠意盎然。

進入公寓後首先看到的是廚房，以及廚房和客廳中間的黃色椅子和鵝黃色的圓桌，然後旁邊有雙人沙發。再往裡面走先看到內有高低階的浴室，洗衣機就放在浴室的洗臉檯下方，浴室只有淋浴間，有點像一些商務旅館的設計。從浴室走出來再往裡面就是一間臥室了，一張雙人床，有兩個櫥櫃和一間放著熨斗、曬衣架的小小的工具間。臥室和客廳各有一扇窗，現在接近中午時刻，陽光讓滿室充滿溫暖，除了那個樓梯之外，子晴對這個

從大門進來後有一個小中庭

新住處也頗為滿意。

子晴把行李放好後就出去走走，在新住處附近看到一家店頗有家庭餐廳的味道，子晴在店門口探頭望裡面看，剛好一位老奶奶也從餐廳裡面走到門口張望，老奶奶的眼神和子晴剛好對上，兩人都微微笑了一下、點個頭。當下子晴就決定今天中午吃這家餐廳了。

走進餐廳後，子晴發現原來那位老奶奶是店員（也許是老闆娘），店裡的氣氛果然很像家庭餐廳。這個時間店裡賣的是簡餐，子晴和只會英文單字的老奶奶用幾句義大利文和幾個英文單字完成了點餐後，就坐到接近店門口看得到街上人車往來的位子，一會兒餐點送上來後，子晴就細細咀嚼著餐點，慢慢觀察這條小小街道上的往來人車。

吃完後距離三點還有一點時間，子晴就到附近走走。當她往前走沒多久碰到一個十字路口，在十字路口稍微駐足往左邊看看，就看到一家小的家樂福超市，子晴想之後或許會經常光顧這家超市也不一定，就先去看看吧！沒想到子晴才走到家樂福門口還沒進去就被眼前的大馬路吸引。這條路叫做 Corso Sempione，它總共有四線道，在左右雙向馬路中間都有很長長的綠蔭道路，感覺有點像台北市的敦化南路一帶。

子晴受到好奇心的驅使，過了馬路走上眼前這條橫向的馬路，結果發現這條路的綠蔭道比敦化南路更寬廣啊！週日中午時刻的綠蔭道上也有不少人來散步或慢跑，綠茵如畫的道上還有很多長椅，有些是一個人在長椅上或躺或坐或休息或看書，有些則和朋友三五成群一邊吃著簡單的午餐一邊聊天，真的是一派悠閒啊！

子晴一路往前走，越走就越喜歡這條路，覺得這條路實在太漂亮了，她拍了好多照片要跟宇豪分享，也決定改天一定要來這條路上跑跑步。

子晴在這條路上漫步一圈後再去家樂福買點東西，回到她的新黃色公寓時，公寓已經打掃得煥然一新了。

Day 17

新念新開始

六月六日（週一）

搬到這間新的黃色公寓的第二天，又是一週的開始，因為子晴還是在渡假中，對於週一自然也不會像在台北時大家說的有甚麼憂鬱星期一的心情，還是能夠保持悠哉的態度。今天要上系列課程的第五堂課，要討論一些行銷個案分析。子晴發現自從上次心念轉變之後，今天竟然對上課似乎還有一絲絲期待，或許是上個案分析的時候都會先講一點個案的故事，對喜歡聽故事的子晴來說很有吸引力。

早上起床後，烤片吐司抹花生醬，再加上兩顆水煮蛋及一杯黑咖啡，子晴就一邊吃著早餐一邊複習上次的講義。其實仔細讀那些商業行銷模式的分析，了解了ＳＷＯＴ分析模式、魚骨圖和PDCA循環模型等分析後，子晴覺得還蠻有趣的。子晴也試著用ＳＷＯＴ分析來試著釐清自己接受新職務的情況，分析自己在新職務的優劣勢及面臨的機會與威脅。做完ＳＷＯＴ分析，再用心智圖誠實地找出內心真正的害怕點。沒想到，這樣看看講義、動手畫畫圖、做個作業，時間也將近中午，吃過午餐又要上課了。

簡單的煮了鍋白飯，切顆小洋蔥拌鮪魚罐頭，再煎一顆荷包蛋，簡簡單單的就吃飽一餐，開始上課了。

今天的行銷策略個案分析討論與以往的課程不同，講師講授的時間較少，同學們討論的時間較多。雖然是利用ＺＯＯＭ會議的線上課程，但這個ＺＯＯＭ還可分成好幾個討論室分組討論，然後再一起匯集到大會議室做各組別的發表。初次使用的子晴不禁感嘆新冠疫情在物理距離上阻隔了大家聚集在一起，但是人類的智慧跟科技克服了這些障礙，讓人們的活動一如往常活躍。而研發這些科技的工程師若得知現在線上的這些活動如此頻繁、活躍，無形的雲端上如此熱鬧與繽紛，工程師們一定會覺得很驕傲吧？而這就是他們工作的意義之所在吧！誠如那句廣告詞：科技來自人性，人們想要有溝通想要有連結，科技就幫我們做到。

這是子晴上系列課程以來，第一次感受到意猶未盡，覺得很過癮，甚至開始期待下一次上課。子晴想立刻跟宇豪分享，但是今晚宇豪回去看他的父母，不方便視訊，而子晴也打算從這個新住處試著坐車去史卡拉歌劇院看看，因為明天就是去看歌劇的日子了。子晴換了輕便的衣服背個包包就出門了。

子晴先用 Google 地圖查過路線，這邊可以坐一路的路面電車，也可以坐紫線的地鐵，這一次子晴先選坐一路的路面電車，因為一路的路面電車車廂又比之前坐的十二路及十四路更古老了。

一路電車並不難等，子晴只等了一下車子就來了，只不過上車後子晴才發現這電車是沒有空調的。六月初的米蘭下午四點太陽正是猛烈，氣溫也算高，就算濕度不高，坐在這無空調的電車上還是會覺得有點熱，特別是會曬到太陽的座位就更熱了。不過，車上的乘客也無人抱怨啊！

下了車走一小段路到史卡拉歌劇院，這路線也還算順利，明天就這樣坐一路的路面電車過來好了。

米蘭這兩天不知有甚麼展覽正好開幕，史卡拉歌劇院前有紅色巨幅招牌，十分醒目。或許是這樣，今天雖然是星期一，但是這一帶周邊的人潮特別多，連在餐廳用餐的客人也很多。不過仔細一看，坐在戶外座位區的人潮總是比室內的客人多，米蘭人還真的很喜歡坐在戶外享受自然風和陽光啊！

六月份的米蘭，天黑得晚，此刻正是傍晚下班的快樂時光，雖然路上也有看起來行色匆匆的人，但是大部分的人還是看起來挺放鬆的，至少臉上的神情沒有台北的人們那麼疲憊與緊張。子晴在史卡拉歌劇院附近隨意走走，享受這悠閒的傍晚時刻，期待著明天晚上的歌劇饗宴。

子晴在附近逛逛，並沒有打算坐下來吃飯，因為來到米蘭後自炊次數多，且只有一個人吃，冰箱裡吃剩的食物自然也多，反正子晴也還沒很餓，就等回到住處再熱冰箱的食物來吃就好了。子晴走過某個轉角的餐廳走廊座位區時，似乎看到上次在米蘭音樂學院前碰到的那對母子正在用餐，子晴也不敢確定是否就是他們？反正萍水相逢，若是有緣就會再見面的。

Day 18

歌劇喬康達

六月七日（週二）

期待了好久，今天終於到了要去史卡拉歌劇院看歌劇《歌女喬康達》的日子了。這齣歌劇在晚上七點三十分開演，而且演出時間長達四小時，要唱到晚上十一點多，這是子晴第一次在國外深夜獨自回家，雖然子晴來到米蘭後一直覺得這兒的治安算不錯，但是多少還是會有點緊張，尤其男友宇豪又一直交代要注意安全。

在史卡拉歌劇院演出當然是原汁原味的義大利文，劇院裡沒有像台灣的兩廳院一樣還搭配兩旁的 LCD 跑馬燈字幕，子晴其實還蠻擔心自己會聽不懂、看不懂台上到底在唱些甚麼。子晴想利用白天再複習一次喬康達的故事大綱，以免自己真的追不上劇情。

《歌女喬康達》這齣歌劇，是改編自法國文學家雨果的歷史劇《昂基洛·帕杜的暴君》，一八七六年在米蘭史卡拉歌劇院首演，獲得大眾的喜愛，一直傳演到今日，仍然很受喜愛歌劇的大眾歡迎。只不過，現今所重新展演的版本是在一八七六年首演後，經大幅修改後在熱那亞演出的版本。

這齣歌劇總共分成四幕，每一幕約三十五至四十五分鐘。《歌女喬康達》講述一個美麗又孝順的歌女與自己年邁失明的母親相依為命，喬康達為了照顧母親只能賣唱維生。在這困頓的生活裡，喬康達不僅要抵抗邪惡又充滿野心的偵探巴爾納巴的糾纏與追求，又得面對自己內心的愛戀男人——被驅逐的貴族聖費歐爾公爵——恩佐與情敵勞拉的濃情密意。這樣糾結不清的男女情愛本來就已經夠難解了，偏偏當偵探巴爾納巴陷害母親，失明無辜的母親差一點被當成女巫要被眾人抓去警局之際，營救自己母親的卻是情敵勞拉，面對不可得的愛情與不可忽視的恩情，喬康達只能用歌聲傾訴心底的苦悶。

但是，在十七世紀威尼斯的社會，每個人都懷抱著自己不幸與枷鎖，與恩佐兩人互相傾慕愛戀的勞拉在獲得幸福的路上也是困難重重，因為她與恩佐相戀之時已經是嫁給檢察官阿爾維賽的人妻了。自己的夫婿是有權有勢之人，偏偏自己又出軌與落魄貴族相戀。這樣的把柄本來可以是女主角喬康達的一個武器，可以用這把劍斬斷情敵與心愛男人，迫使他們分開，讓自己有機會可以獲得心愛的男人，但是無奈愛情是不講道理的，喬康達就算拆散了情敵與恩佐，恩佐也不會因此而愛上自己，再加上這位勞拉曾經救過自己的母親……。

因為有這樣的糾結關係，善良的喬康達雖然很想要擁有自己的愛情，很想從情敵勞拉手中搶過恩佐，但是她最終還是選擇幫忙勞拉與恩佐私奔，然後在自己母親被可惡的追求者巴爾納巴擄走丟進運河裡時，自己也用匕首結束了自己的生命。

看完這個故事，子晴真心覺得愛情真是理不清剪不斷的情緣啊！如果世上每個人都能夠單純的在對的時間遇到對的人，煩惱與這種糾纏不清的故事應該會少了一大半，但是這世上的事情永遠沒辦法都是這麼單純。就像自己的父母，明明在一起時爭執不斷、無法好好相處，但是離了婚卻也無法徹底忘記對方重新開始；明明離了婚後是沒有關係的兩個單獨個體，但還是三不五時藉由孩子的名義，互相打探對方的消息。

子晴無法理解這樣的糾葛，再加上看到姊姊婚後也是吵吵鬧鬧，常常跑回娘家向媽媽和自己訴苦，子晴和宇豪交往多年還不是不敢踏進婚姻。在正常家庭中長大的宇豪對婚姻沒那麼恐懼，也曾有意無意地探詢子晴的結婚意願，但是當宇豪想認真討論這件事時，子晴總會逃開，所以兩個人始終沒有好好面對面討論過這件事。子晴也不知道自己到底該如何面對未來的人生課題。

在網路上看完《歌女喬康達》的故事後，子晴稍微小憩一下，便換件正式洋裝帶著包包和歌劇票出門了。

晚餐在周邊餐廳簡單吃過義大利麵，子晴就漫步到史卡拉歌劇院了，時間才六點十五分左右，但是歌劇院門口已經有人排隊了，很多成雙成對的老夫妻穿著正式服裝、手持著用印表機列印出來的電子票券早早就在排隊了。子晴在周邊繞了一下發現並沒特別想逛的地方，所以她也跟著開始排隊。

七點才開始讓觀眾入場，所以其實還要排好一陣子，但是隊伍越來越長，還幾乎要轉了彎往大門右方去，子晴偷瞄了一下後面的隊伍，發現之前在米蘭音樂學院前碰到的母子檔也在後面排隊，那對母子正在說著話並沒有注意到轉過頭來看到他們的子晴。

開放入場了，大家依序前進，子晴的座位在五樓包廂裡的第一個，當她坐定後四處張望，發現底下有很多位子都坐得滿滿，而對面的包廂也是都有兩三個人。這個包廂裡有五張椅子，第一排有兩張，第二排也有兩張，最後一排是第五個位子，基本上不站起來根本看不到舞台吧？當子晴這樣想的時候，有人開門進來了，恰巧就是之前在米蘭音樂學院前碰見的母子。

子晴很開心的跟母子兩人打招呼，而這對母子買的座位正是四號和五號，也就是視野受限的座位。媽媽說：「因為我們太晚買票了，而且也搞不清楚這劇院裡的座位配置，所以買到這樣的位置，沒關係！給他看好了，他學這個的，我是外行人只會看熱鬧。」

兒子說：「我們輪流站，一人看一段。」

母子倆的對話讓子晴覺得很有趣，子晴說：「都快開演了，這二號和三號都沒來，搞不好不會來了，你們母子要不要輪流來前面坐呢？」

這一整晚，這對母子和子晴都在中場休息時間換位子，也順便站起來動動身體、聊聊劇情，四個小時在讚嘆聲與討論中過去了。同時也拜這位年輕的台灣學生解說這齣歌劇所賜，子晴也才能更了解這齣劇。

Day 19

逐夢的台灣母子

六月八日（週三）

這一天子晴難得睡到十點多才起床，都是因為昨晚回到家已經超過十二點，再洗個澡、休息一下，真正入睡時應該已接近凌晨二點了。

昨晚看歌劇看到十一點半多，當她和那對母子走出史卡拉歌劇院，經過埃馬努埃萊二世拱廊街時很多餐廳還開著，甚至還有不少客人還在用餐呢！

米蘭大教堂前也是滿滿的人潮，二樓還有店家將搖滾樂放得震天嘎響，客人嗨得不得了，這米蘭真是越夜越美麗啊！子晴和那對母子邊走邊聊了一段路後，分別坐不同的車回住處。經過四個小時的相處，他們比萍水相逢的緣分又更深了一些，子晴和那位媽媽交換了 Line，成為了朋友。

原來那位話不多、看起來十分穩重的兒子才十八歲，剛從桃園武陵高中音樂班畢業，專修聲樂，這次來米蘭的目的就是要參加米蘭威爾第音樂學院的入學考試。而那位江媽媽特地向公司請了二十多天的假，陪著兒子來考試。

江媽媽說：「大家都以為我太寵兒子，過度保護他，才會跟著來米蘭。我不否認我的確放心不下他，要自己一個人到完全陌生的國家，還要撐得住考試的壓力。但是，我其實也是可以順便放個長假。自疫情爆發以來，好久沒出國了。」

子晴也有同感。這個疫情真的把台灣人關在擁擠的小島太久了，大家平常在生活中累積的壓力無法釋放之外，還因為看不見盡頭的疫情，增添了更大的壓力。

江媽媽說：「你知道嗎？我在米蘭這一陣子在臉書上寫的日記，有好多朋友都在追蹤，大家都說無法出國，只能跟著我遊玩米蘭。」

子晴能夠理解。

講到兒子，江媽媽又是一臉驕傲，媽媽說：

「這個兒子從小就顯現對音樂的狂熱，國小唸音樂班時主修小提琴，國中發現自己更喜歡唱歌而改修聲樂，有人認為男生走聲樂的路很辛苦，但是當我看到他練唱時的專注，與在台上唱完時眼裡的光與淚，我就決定要支持我這個兒子走上這條路。」

「真是好媽媽。」子晴回應道。

江媽媽反問子晴的人生計劃，子晴說從來沒有去思考和規劃這方面的事，當然還有很大部分，是擔心自己會受到原生家庭的影響而無法成為好母親。

江媽媽說：「你為什麼要被父母的框架限制住呢？你是你，你可以擁有與他們不同的價值觀與人生啊！不用事事都以他們失敗的經驗來限制自己美好的人生。」

好酷的一位江媽媽！子晴開始有點崇敬這位江媽媽。

江媽媽本身是一位藥師，和子晴同樣算是在醫療產業工作，不過她是在製藥公司的行銷部擔任產品經理，不需要每天去跟醫師介紹藥品、辦很多活動來吸引醫師了解藥品，她是負責整理藥品的學術資訊，訂定行銷策略，再搭配業務代表來執行她所訂定的行銷策略。子晴問江媽媽喜歡自己的工作嗎？

「喜歡啊！每天要搜尋並研讀一些醫學文獻，並把自己研讀的心得跟同仁分享，還可以發揮創意想些策略把自己讀到的資訊分享出去，再由數字看出自己的想法與點子是否為市場接受，是一份很有趣的工作啊！」

江媽媽補充說：「最大的重點是你要喜愛你自己的產品，我真心覺得我們公司的藥品是可以挽救病患的生命，所以我做起事來也會更起勁。你難道不覺得你們公司的醫療器材對醫療是有幫助的嗎？你難道不覺得你們的檢驗也是醫療上的重要一環嗎？」

江媽媽突破子晴的盲點了，子晴為什麼一直都沒有回頭看看自己的工作內容呢？之前在實驗室所做的各項檢驗，都是在幫助醫師更精準的診斷與治療，雖然做久了都變成例行公事，但是工作本身對醫療的貢獻並不會因此而磨滅。未來子晴預定要帶領的銷售團隊，也是更進一步為醫療人員提供更好更方便的儀器，來增進醫療的精準度，光思考自己手上的醫療儀器對醫療市場對病患的貢獻，難道不值得子晴放手一試嗎？子晴覺得江媽媽實在是太有智慧了。

江媽媽說：「叫江媽媽太生疏，妳就叫我淳慧姐吧！我們看起來很合得來，可以做朋友，回到台灣也繼續聯絡吧！」

十八歲的大男孩在旁邊像是戲謔又像是稱讚似的說：「我媽很會交朋友喔！」

子晴還約好六月十三日大男孩去米蘭威爾第音樂學院考聲樂時，要陪同母子兩人一起去，大男孩說：「要一起去也沒關係，不過那天我很忙喔！請妳們自己照顧自己囉！」

這大男孩的話總是那麼酷，但是淳慧姐偷偷跟子晴說，大男孩的意思其實是要她們兩個不懂義大利文的人別亂跑，走丟了的話，他沒空去尋人。子晴心裡想要參加考試的人一定會很緊張，這男孩還會擔心媽媽和朋友走丟，其實是個體貼的大男孩啊！

這真是一對有趣的母子！子晴覺得來到米蘭後的每一天都有新發現啊！

Day 20

上天的安排

六月九日（週四）

到今天，子晴在米蘭的三十天假期已經度過三分之二，柳經理為她安排的系列課程也已經來到了倒數第三堂課，子晴對於營業行銷的了解也越來越深，再加上之前的轉念，子晴已經不排斥接下新職務了，只是子晴都還沒跟柳經理報告。

柳經理週一傳來一封電子郵件說要跟子晴在線上談一談，聽聽她的決定，時間就在今天早上米蘭時間十點，也就是台北時間下午四點。

為了跟上司的談話，子晴從兩天前就開始思考要怎麼表達自己願意接受這份挑戰，但是因為仍然有些自信不足，子晴希望在且戰且走中，柳經理可以多給她一些資源及協助子晴跟她的新團隊。

九點五十分，柳經理已經早早上了線，還傳Line跟子晴說：「我在ZOOM會議室等你」，子晴知道柳經理是個準時的人，也快快登入ZOOM會議室。

螢幕那頭的柳經理雖然只看到上半身，但是好久不見的她，在台北時間下午四點，仍然是眼睛炯炯有神，精神飽滿。柳經理說：「好久不見啊！雖然是透過電腦鏡頭，還是看得出你的好氣色啊！看來休長假真的有必要，等你回來後我也來規劃個巴黎三十日long stay。」

子晴笑笑說：「可以喔！去巴黎三十天也一定會有好氣色的喲。」

心急的柳經理直接切入主題問道：「你考慮得如何？願意接下業務推廣部擔任第一小組主任的職務嗎？」

面對柳經理的快人快語，子晴也直接從結論開始，子晴說：「我願意接下這個職務，」柳經理聞言大喜，直說：「太好了！太好了！」

子晴又接著說：「但是，我有幾點想請求柳經理協助。」

柳經理笑開了說：「原來還有條件啊！說說看。」

子晴急忙解釋道：「不是條件啦！這一陣子思考了很多，也和朋友們談了很多，再加上也上了一些課，我知道自己的弱點和不足在哪裡，希望能提出來跟柳經理討論，請柳經理給予指點啦！」

子晴把手上未來團隊的名單分析給柳經理聽，把自己對新團隊的職務重分配以及各個成員需要接受的教育訓練列出來，希望柳經理能夠同意未來這一年子晴接下新團隊時，也同時能讓新團隊從心態進行再造。柳經理同意任何團隊都需要不定期的教育訓練及隨時調整心態，所以也答應了子晴的請求。

和柳經理討論到中午十二點半快要上課前才匆匆結束，子晴隨便吃了個冷凍的三明治後就開始進入線上教室上課了，今天是 case study 的小組發表，子晴這一組的各個成員都十分認真準備，而且有些學員本來就在做行銷，講起來真是頭頭是道啊！子晴覺得自己從同學身上也學習了很多東西。

上完課，子晴覺得這堂課真是十分充實，也覺得意猶未盡。子晴又迫不及待的 call 宇豪，分享今天的上課心得，也和他繼續討論課堂上的個案。從事業務工作的宇豪果然對行銷策略和個案分析也有很深的了解啊！

和宇豪聊到快要台灣時間的十二點，子晴催促宇豪趕快上床睡，以免明天上班沒有精神。宇豪一句看似開玩笑的話：「你不在身邊，我睡不著。」竟然讓子晴心臟蹦蹦跳。

原來子晴和宇豪已經彼此依賴得這麼深了。

下午六點，米蘭的太陽還是高高掛在天上，沒有要下山的跡象。子晴想到自己剛搬到這邊時，發現周邊那條美麗的 Corso Sempione 就發願要去那條路跑步，現在這個時間不就是最適合嗎？

子晴換上運動衣褲、穿上運動鞋，說走就走，出門跑步去了。

這條路在傍晚時分有金黃色豔陽和大片大片的樹蔭，豔陽從樹蔭縫隙

有美麗林蔭的 Corso Sempione 大道

撒下，隨樹蔭搖擺而改變形狀，像是不停變換形狀的光雕秀。子晴跑在樹蔭下，一點都不會感覺到太陽的熱力，而且不時還有徐徐的微風吹拂，十分舒服。

時值下班時間，車流比上次第一次來這漫步的周日下午時刻來得多，所以子晴也只有在長長的 Corso Sempione 的兩側綠蔭大道上來回跑，再往自己住處的十字路口時，子晴忍不住轉了彎，藉由跑步看看周邊的風景。

結果，當子晴覺得跑得差不多，決定停下來並在跑步紀錄器的 App-Adidas Running 按下結束鍵後，才發現自己跑出了一座十字架，子晴看到這座十字架就覺得安心，今天自己做了重大決定，這決定看似是自己思考許久後才做出的，但是上帝一定早就為她作好安排，安排子晴來米蘭，安排如同導師般引領子晴思考的華特出現在她身邊，安排子晴認識有智慧的淳慧姐。現在看到這十字架圖形宛如有了上帝的保護，子晴相信自己一定可以順利完成接下來的挑戰的。

在這個林蔭大道上悠閒看書或散步的義大利人

回到住處已經是七點多了，子晴簡單的用昨天的飯炒了盤炒飯當成晚餐，然後悠閒的躺在床上看影集直到睡著。

查看你的排名

3.20　　00:27:45　290

距離 (公里)　總時長　　卡路里

	平均配速	08:39 分鐘/公里
	平均速度	6.9 公里/小時
	最高速度	17.6 公里/小時
	流失的水分	547 毫升

在 Corso Sempione 大道上慢跑跑出一座十字架，
讓子晴對未來充滿勇氣

Day 21

運河畔訪幽

六月十日（週五）

未來工作上的事情已經大致底定，和宇豪的感情也恢復了，一早子晴在窗外照射進來的亮燦燦陽光中醒來，心情恬靜，覺得人生無限美好。

今天已經是來到米蘭的第二十一天，子晴決定再為自己安排一個觀光的行程。子晴決定到之前網路上看到的米蘭運河（Naviglio Grande）逛逛。

若把米蘭大教堂當成米蘭的中心點，運河區是在米蘭的西南邊，而子晴現在住的這一區是北方，但是也有一班十四號的路面電車可以直接從唐人街到運河附近，雖然網路上的資訊都說運河區是越夜越美麗，建議大家從傍晚時分再去運河旁漫步逛逛，但是看多了網路上的那些美麗的照片，

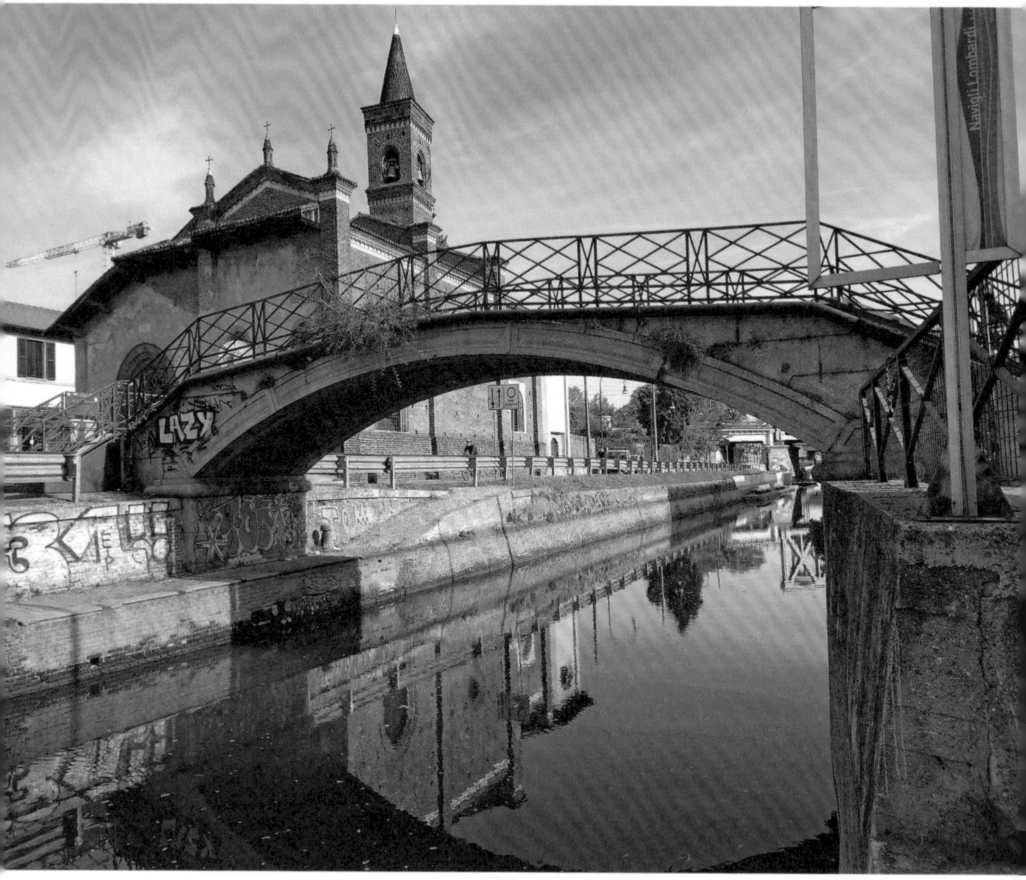

米蘭運河上的拱橋和旁邊的古老教堂

米蘭運河旁不同色調卻又十分融合的建築物

子晴已經等不到晚上，迫不及待想親自去走一趟。再加上宇豪叮嚀她隻身一個人在外要千萬小心，晚上還是乖乖早點回家好，子晴決定吃完午餐就出發前往運河。

十四號路面電車的停靠站中，從最接近運河的一站走過去運河，也差不多還要走二十分鐘，下午陽光燦爛照得全身暖烘烘的，但是不致於會讓人流滿身汗。

子晴從跨越運河上的高架橋旁一個階梯走下運河，剛下去的時候有點搞不清楚該往左還是往右走，這兩邊的河畔看起來都很平淡，不像是會越夜越美麗的地區，子晴只好拿出手機來查 Google 地圖。

確定了方向後，走沒幾步就看到河中心有一座彎彎的拱橋，別有風味，子晴拍了幾張照片。再走一小段又看到一座造型不太一樣的拱橋，而這次拱橋的那一側還有一座古教堂，這整個畫面拍下來，不用解釋就是在歐洲才會有的風景。子晴拍完照後就走上拱橋到對面的古教堂去看看。看教堂

米蘭運河旁邊的古老教堂

牆上的簡介，這座教堂也有兩三百年的歷史了，目前只有週六和週日開放，所以現在子晴也無法進去參觀。

子晴繼續往前走，午後的太陽曬得全身好溫暖，沿路都有慢跑健身或是騎車運動的人，果然有運動習慣的人身材就是比較健美，子晴一邊散步看風景，一邊也欣賞著沿路的俊男美女。

慢慢的，運河兩岸的建築物變多了，有幾棟連在一起的建築物外牆各自用了不同的配色，有淺綠色、鵝黃色、粉紅色及磚紅色，各自繽紛但是又十分協調。子晴不禁揣想：這些建築物高低不同，看起來並不是同一時期蓋的房子，他們是如何去達成這樣的色彩調和呢？不同建商蓋出不同造型不同樓層的房子，就像在不同家庭長大的人具有不同的個性，要怎樣去調和這些人和平相處於一塊呢？子晴靠著河岸邊面對這些建築物，心裡想著自己未來的團隊，不知看了多久，才回過神來再繼續前進。

隨著一起漫步河畔的人越來越多，子晴發現自己已經走到了運河最熱鬧的路段了。這段運河的兩側，不僅各式餐廳或藝品店家變多，連賣紀念品的臨時攤販也越來越多，臨時攤販就是人潮與地段的指標啊！

義大利的餐廳不管是在大馬路邊或是運河旁邊都一定有戶外座位，這風景明媚的運河兩旁，再加上兩側餐廳的各式戶外座位，有魚幫水、水幫魚的互相映襯效果。子晴注意到有些店家的戶外遮雨棚上有各種燈飾，等晚上點了燈一定很美。

子晴邊走邊看邊拍照，不知不覺跟著人群轉進一個小巷，那個小巷的入口寫著：這裡是住家，歡迎參觀但請保持安靜。進入這個沒有出口小巷之後，前端有兩三家畫廊、手工藝品店及個人設計的服飾店，都各有各的特色。子晴在第一家畫廊門口的古老照片研究了一番，看看古老的米蘭模樣，再看看畫家筆下的古今對照，覺得十分有趣。

這樣逛逛、走走，竟然也耗掉了近三個小時，已經是下午五點了。下午五點在義大利絕對不是吃晚餐的時間，但是子晴已經有點累了，想要坐

在米蘭運河旁漫步，不知不覺逛進一個私人特色空間：
有畫廊、手工藝品店及服飾店

米蘭運河旁最熱鬧的一段景緻

下來休息，喝點飲料、吃點東西，她走進了一家已經開始供餐的餐廳，服務生引導她坐在最接近河畔的位子，其實也是最接近過路人潮的位子。子晴點了一份牛排和一杯啤酒，自己一個人慢慢享用眼前的風景與美味的餐點，耳朵也不時好奇聽著周遭各國遊客用各種語言閒聊的話語，當然也聽到不少自己的母語，只是從他們的腔調可知是來自台灣海峽對岸的中國朋友，在台灣和對岸都還沒完全開放的時期，能出現在這裡的華人應該是居住在這當地的居多吧！想到這裡，子晴再度覺得自己很幸運能有機會在這樣的時期來米蘭放空，並走出自己人生中的迷霧階段。

等子晴吃完稍嫌早的晚餐在往來時路走回去時，各式餐廳裡的客人也越來越多，回程的路上已經是幾乎要側身來和人擦身而過的擁擠，有些店家已經開始點上紅紅綠綠、一閃一閃的燈飾，把這運河兩岸變得繽紛無比。

子晴心裡想，下次要帶宇豪一起在晚上來這裡體會夜晚的美麗。子晴下定決心，一定要再來。

Day 22

歐洲庶民市集

六月十一日（週六）

一個多禮拜前，子晴慢跑經過Esselunga超市旁發現了米蘭的傳統市集，子晴一直想找個時間來逛逛，但是沒有去注意市集的時間，錯過了幾次，今天總算讓子晴碰到了周六市集開放的時間了。

這個市集跟台灣的傳統市場很像，在市集營業時間裡這條路是禁止汽機車通行的，而這條路兩側的攤販都是搭棚子擺攤位，不過各攤販的棚子會比自己的攤位更大，可以與對面攤位的棚子連接以便替路過的顧客遮個陽，有的乾脆在中間走道也搭上遮陽簾，感覺就是對顧客很貼心。

這個市集裡有賣蔬菜水果、文具雜物、衣服飾品、花卉、魚和肉類以及賣各式乳酪的攤位，其實多元性和台灣傳統市場差不了多少。不過，這裡的市集不管哪個攤位的貨品都擺放得很整齊，攤位也感覺比較乾淨清爽，即便是賣魚類肉類的攤位周邊，也不會有濕濕黏黏的感覺。

或許因為子晴是亞洲面孔，當她慢慢地逛各個攤位看著各式商品時，這些攤位老闆並沒有太熱情的招呼子晴（或許有，子晴也聽不出來是在招呼自己）。子晴有偷偷觀察周遭的交易行為，子晴發現這個市集裡都是使用現金交易，而且即使是買蔬果類的商品，顧客也沒有像在台灣一樣動手摸摸蔬果，敲一敲聽聲音或者翻看看是否新鮮之類的，大家幾乎都是用眼睛看，挑訂了哪一項就跟老闆說，然後一手交錢一手交貨。對義大利文還是十分初階的子晴，根本不知道這中間是否有殺價或任何交涉的行為。

不懂義大利文和規矩的子晴還是看看就好，不敢隨便買。不過，在經過一攤賣花的前面，子晴突然想到明天要去華特家作客，應該要帶些什麼禮物去才好吧？一般歐洲人受邀去作客時會帶什麼呢？子晴腦袋裡沒有概

附近的傳統市集，一周只有舉辦兩天

市集裡攤位上擺放的各式蔬果十分吸睛

念，經過花卉攤位前面時，突然覺得似乎有在哪齣電影裡看過客人帶花的情景，買束花應該是很安全的吧？於是，子晴很認真的在花卉攤前研究起各種花卉。送玫瑰花一定沒問題，但會不會太普通了？子晴看到有各種不同紅色的波斯菊，感覺很漂亮，但是送菊花好嗎？

子晴很認真的在各種花卉前看了又看、想了又想，她根本沒注意到攤位女老闆和旁邊的友人也在研究這個亞洲女子。

最後子晴挑選了白色參雜著有些許粉紅色的滿天星花束，因為搞不懂那個插在旁邊的價錢牌子，是滿天星的價錢還是波斯菊的價錢，子晴直接拿了一張五十歐元給老闆找錢，找回一堆零錢，子晴直接放進零錢包說聲謝謝後，就帶著花走了。

雖然逛國外的傳統市集很有趣，但是如果不會當地的語言，沒法跟當地人聊天的話，就少了一大半的樂趣啊！

回到公寓後，子晴把花束放在洗臉台，讓花束的根部可以有水滋潤，

市集裡也有賣衣服的攤位

在這個攤位買了一束滿天星

也拍了一張照片傳給宇豪。

沒有想到一打開 Line，看到宇豪的訊息說今天早上那兩隻剛滿月的新生小貓仔中有一隻病懨懨的，宇豪很擔心小貓生病，想把那隻小貓帶去給獸醫看，在把幼貓帶出籠子的過程中，手臂還被母貓咬了一口。

看到宇豪傳來的手上傷口照片，子晴很心疼，也很擔心尚未碰面的那隻小貓的狀況，還有宇豪把母貓和另一隻小貓留在家裡，母貓會不會擔心的在籠子裡亂竄？宇豪一個人帶生病小貓去看獸醫，是否忙得過來？這些心理的擔憂，讓子晴此刻有了迫不及待想回台灣、想回家的心情。

Day 23

異國作客

六月十二日（週日）

這一天子晴一大早起床，就先趕緊看看昨天買的滿天星花束經過一個晚上是否有吸飽水，當她看到花兒依舊開得繽紛漂亮，才放心的開始梳洗打扮。

子晴依著約定好的時間十點半，捧著一束滿天星準時抵達森尼西奧七號，不過這次她已不是這裡的住戶，沒有鑰匙可以自行進入，只能按了電鈴在門口等華特下來開門。

華特下樓來開門時，子晴發現他穿得還蠻正式的，心想外國人若碰到有客人到家裡來作客都會穿得這麼正式嗎？不過，華特一見到子晴就急著解釋今天早上他們家的爐子罷工了，他太太急得不得了，但是週日在義大利真的找不到願意來修爐子的師傅，沒辦法修好。所以今天要改變計畫，他們夫妻要帶子晴去吃米蘭一家很受當地人歡迎的餐廳 Trattoria San Filippo Neri。平常那家餐廳要預約才訂得到，但是現任的店主曾經是克勞迪亞的學生，一接到老師的請託就幫老師留下三個位子。

子晴還是先被招呼上樓去華特家坐了一下，克勞迪亞看到子晴就熱情的拉著子晴的手頻頻道歉，說自己前一天煮甜點時爐子還好好的，沒想到今天早上怎麼樣就是點不著火，這樣沒法煮正餐，只能先出去吃正餐之後，再回來喝咖啡吃甜點了。

子晴匆匆瞄了一眼華特家的大致模樣，發現華特家和之前子晴住宿的四樓是完全不同的室內配置，他二樓這間有兩個房間，室內色調是淺綠色及淺藍色，看起來比較明亮且有點海邊的感覺。克勞迪亞發現子晴對他們家很感興趣，就跟子晴說等吃完飯回來時，再好好跟子晴介紹家裡。

之後，華特夫妻就開著車帶子晴前往餐廳去了。

這家 Trattoria San Filippo Neri 的外觀，跟台灣一些豪華或強調景致等的餐廳不能比，它看起來就是一家很普通的餐廳，不過從外面排隊的人龍來看，這家餐廳真的很受當地人的喜愛。

克勞迪亞說：「這家餐廳真的很有人氣！義大利人通常星期天會自己在家烹飪，不太出門吃飯，但是你看星期天用餐的客人都還這麼多，平日客人更多呢！而且這些都是在排戶外座位的客人喔！」

子晴看了一下戶外座位，這區座位的頭上是濃濃的綠蔭，很像是在一片葡萄藤底下用餐，別有一番風味，難怪會客滿。「不過，戶外沒有冷氣耶！夏天不熱嗎？」

克勞迪亞說：「不會，我們不覺得熱。」

華特笑說：「再熱也要浪漫啊！」聽起來像是揶揄。

克勞迪亞跟子晴說因為今天是臨時訂位，所以沒法訂到戶外的座位只能坐室內了。室內的座位又更加普通了，比子晴的黃色公寓住處附近的家庭餐廳更像家庭式的感覺，但室內用餐的客人還是吃得很開心。

子晴點了旁邊有好吃的小馬鈴薯的牛排，克勞迪亞也點一樣的食物，華特則是點了傳統的義大利麵。雖然餐廳外觀及裝設都其貌不揚，但是食物是真的很好吃，克勞迪亞還教子晴用麵包沾著牛排的醬汁吃，美味極了。

吃完飯回到華特家大約是下午兩點半，他們才進入家門坐定，克勞迪亞就迫不及待的拿出她昨晚做好的布朗尼蛋糕和水果，華特也去沖咖啡。子晴咬了一口布朗尼蛋糕，濃郁的巧克力立刻融化在嘴裡，配上手沖義式咖啡剛剛好。

克勞迪亞帶她參觀一下家裡，一個稍大一點的房間是她和華特的主臥，一個只比主臥小一點點的房間是女兒之前的房間，現在變成書房。原來克勞迪亞不只是個中學英文老師，她也是個翻譯家，平常會翻譯一些書籍，這是她除了教學之外另一項最愛的嗜好。

華特總怕克勞迪亞太累，用眼過度，伏案太久，但克勞迪亞覺得可以做自己喜歡且又有價值有酬勞的事，這是一種幸福，不能和世俗上為了賺錢的工作相提並論。原來這是工作對克勞迪亞的意義啊！這一點又觸動了子晴。

他們三人回到客廳又吃了些水果和喝了杯咖啡，華特夫妻倆跟子晴說說他們兩個不同民族性情的人結婚後相處的趣事，也問問子晴和宇豪之間的相處。他們從家庭談到工作，再從工作談回家庭，開開心心的談了兩個多小時，子晴也起身告別要回家了。

克勞迪亞和華特都歡迎子晴在米蘭期間隨時來拜訪他們家，讓子晴真正感受到義大利人的熱情。回家的路上，子晴走得比平常還快，因為她迫不及待想要跟宇豪分享今天的事以及了解小貓的狀況。

還好小貓只是腸胃不順，導致有些糞便堵塞在腸道而發燒，經過獸醫幫忙按摩後有順利排出糞便，而且打了一針後，現在已經恢復元氣了。而細心的宇豪在抓小貓的過程都帶著手套，沒有讓小貓沾染上自己的味道，貓媽媽並沒有排斥被人類抱走的小貓，一切都很順利。

在視訊的時候，宇豪突然趴在貓籠前把臉幾乎要貼到籠子口，他將鏡頭對著自己和貓媽媽及一對小貓，一臉很正經的問子晴：「你覺得要替這三隻貓咪各取甚麼名字啊？」子晴沉吟了一下說：「要取甚麼名字好呢？這要好好想一想呢！」

宇豪又說：「我同事說一般飼主都會跟寵物自稱爸爸媽媽，那這三隻貓咪裡有媽媽跟寶寶，我們不就會升級為阿公阿嬤了嗎？」宇豪還裝出無奈的表情讓子晴噗哧的笑了出來。

但下一刻，宇豪的聲音突然轉為低沉且嚴肅，他對子晴說：「也許突然要你升級為貓阿嬤很委屈，不過我這個貓阿公和這些貓母子很真誠的想要跟你共組家庭。妳願意嫁給我當他們的貓阿嬤嗎？」

Day 24

陪考——米蘭音樂學院

六月十三日（週一）

上次看歌劇《歌女喬康達》時，和淳慧姐母子比較熟識了，也得知淳慧姐兒子吉諾今天要去米蘭威爾第音樂學院考聲樂，子晴也大膽提出希望可以陪同考試，以便有機會進入門禁森嚴的米蘭音樂學院，一窺神秘面紗。

吉諾被排在十一點這一輪考聲樂，他們約九點半在校門口見面。當三人到齊後以考生及陪伴家屬身分獲准一起進入校園，吉諾打電話給已經在校園裡的鋼琴伴奏老師，鋼琴伴奏老師目前是這裡的研究所學生，也是目前就讀這間學校的唯一台灣人，他幫吉諾先借了一間琴房可以練習發聲及

外人難以窺見的米蘭威爾第音樂學院的校園內部

考前再練習唱幾次。

其實今天早上子晴大約八點多就到了學校，在學校門口看不到淳慧姐母子她就先在學校周邊晃晃繞繞，並沒有覺得學校地形有甚麼特別。但是，當他們進入這間琴房時，子晴注意到琴房對外有一個排氣窗，這本來也沒什麼，但是從氣窗看出去竟然看到了行人走過去，咦？難道這間琴房是在地下室？剛剛從校門口走進來後不是一直在平面並沒有下樓啊？子晴沒空提出疑問，吉諾和伴奏老師已經開始練唱了，淳慧姐很專注的看著兒子，子晴只好滑滑手機，在一旁等待。

吉諾先發聲練習了約十分鐘後，開始唱今天考試的曲子，吉諾是個男中音，嗓音渾厚又溫暖，唱起歌來很容易讓人陶醉，淳慧姐告訴子晴吉諾在高一時就得過全台灣學生音樂大賽的第一名，聽到吉諾的歌聲果然是很有天賦與實力。當子晴沉醉在吉諾的優美歌曲中時，彷彿聽到窗外也有人跟著一起唱，因為窗外的聲音不是很清楚，子晴還以為自己聽錯了，畢竟今天這所音

米蘭威爾第音樂學院外牆上的透氣窗

樂學校辦入學考試，各式樂器的聲音及歌聲此起彼落也是很正常的。

但是當吉諾唱完時，窗外的人開口從氣窗對著琴房劈哩啪啦的說了一大串義大利文，只見吉諾和伴奏老師笑開了也不停用義大利文回應說：「謝謝！謝謝！好的，好的。」不懂義大利文的淳慧姐急著問：「他在說什麼啊？」

吉諾有點微微紅了臉說：「他剛剛也跟著我一起唱，唱完後指導我要在歌曲中加入更多情感。」

「他是學校裡的人嗎？還是路過的一般民眾？」

伴奏老師說：「沒看到臉又辨認不出這個聲音，很難猜得到是不是學校的人？我也是第一次碰到這樣有趣的事，如果是路人的話，這路人的水準也很高啊！」

果然是義大利，音樂的國度！

子晴跟著淳慧姐母子和伴奏老師一起上了二樓考試教室外面等候考試，

追逐夢想的台灣大男孩

考試教室外面已經有不少考生在等候了，有三四個中國人和幾個金髮碧眼、五官立體的西洋人。吉諾去看了貼在考試教室外這一輪的考試名單，回來告訴淳慧姐這一輪裡包括自己有五個看起來是華人的名字，其他看起來有像是俄羅斯人名字或德國人的名字。

在等候的時候，子晴聽到坐在椅子上的幾位中國人小聲地交談：「你是何時來米蘭的？」「去年三月」「你呢？」「我是去年十月」。

之前淳慧姐就告訴過子晴，有些中國人會提早到米蘭來找音樂學院的老師先上課後再參加考試，果然是真的，中國人果然是財力雄厚啊！

輪到吉諾進去考試了，看得出來連淳慧姐都有點緊張，淳慧姐很想把臉貼在教室門口的小圓窗看裡面考試的情形，但是有試場的行政人員在門口對接下來的考生點名，無法靠近。

約莫過了二十分鐘左右，吉諾和伴奏老師滿臉笑容地走出試場，淳慧姐忍不住問：「順利嗎？」

與伴奏老師正在努力練唱的大男孩

伴奏老師說：「唱完後，主考官走過來跟吉諾說恭喜啊！應該沒問題。」

年輕靦腆的吉諾說：「話還是不要說太早的好，等放榜再說吧！」好一個沉穩的十八歲大男孩，子晴真心祝福他能順利考上這間心目中的理想學校。

因為下午子晴還有線上課程，所以考完試後沒有跟淳慧姐母子吃飯，伴奏老師也還有其他事情要繼續留在學校，一行四個台灣人就直接在學校說再見各自分開了。但是臨走前，淳慧姐說他們十五號要回台灣，明天想去一個叫「威爾第之家」的地方參觀，邀請子晴一道去看看。子晴反正沒有什麼特別的行程，就答應了淳慧姐的邀約。

Day 25

威爾第之家

六月十四日（週二）

淳慧姐母子昨天才考完入學考試，明天就要搭機回台灣了，子晴今天再度陪同淳慧姐母子在米蘭做最後的觀光，他們來到了「威爾第之家」。

若用一句話簡單介紹「威爾第之家」的話，那就是退休音樂家的養老院。養老院怎麼會成為觀光景點呢？這個養老院又有甚麼特別呢？在淳慧姐告訴子晴有關威爾第之家的故事之前，子晴聽到「養老院」三個字其實是有點害怕的，怕看到暮氣沉沉坐在輪椅上的老人家，怕聞到生病老人身上的藥味、尿騷味和酸臭味。淳慧姐說這間養老院不一樣，音樂家追求藝術追求美，不會讓自己落到這種程度，而且這間養老院還有約二十個房間是留給米蘭的音樂學校的學生們申請入住的，是標準的青銀共居。因為淳慧姐聽說這裡的學生房租比外面便宜一點，還有提供三餐，如果吉諾考上了也想讓他申請來這裡入住，才會在回國前一天來這裡看看。

這麼奇特的養老院？子晴忍不住上網先查了一下威爾第之家的背景。

原來威爾第之家其實就是有「歌劇之王」美譽的作曲家威爾第，為了照顧終身奉獻給音樂的音樂家所建造的，所以也才會以他的名字來命名。

創造出《弄臣》、《阿伊達》、《茶花女》和《奧泰羅》等經典歌劇的威爾第雖然很有音樂天分，但是在音樂的路上並非一路順遂，十九歲來到米蘭申請米蘭音樂學院還被拒絕，但他不氣餒，自己找名師學習，他所寫的第一齣歌劇《奧貝爾托》在史卡拉歌劇院上演時他才二十四歲呢！

他的音樂生涯曾經一度受挫，窮困到他的第一任妻子與孩子生病都沒有足夠的錢醫病，失去親愛的家人一度讓他頹廢不振，還好有好心朋友資助他，幫助他振作起來。

威爾第之家的大門

要穿過長長的穿堂才能進入威爾第之家

穿堂兩旁都擺有音樂家的銅像以及生平介紹

受過友人幫助的威爾第開始心心念念要幫助其他像他一樣在音樂路途上受挫的音樂家，他就在米蘭維多利亞門附近買了一塊地，並向一些有力人士募資準備一起蓋威爾第之家。他和建築師 Camillo Boito 經過多次討論後，設計出一個新歌德式風格且符合音樂家需求的養老院，只不過很可惜的是這個養老院在一九〇二年正式啟用時，威爾第本人已在一九〇一年一月二十七日過世，未能親眼見到他的心血落成。

子晴和淳慧姐母子搭地鐵紅線到 Buonarroti 下車，一從地鐵站上樓梯出來到地面後，就是位於一個多條道路交會口的圓環，圓環正中間有個人物銅像，那就是朱塞佩．威爾第的銅像，而地鐵出口對面馬路佇立的紅磚色外牆建築物，就是威爾第之家。

他們一行三人來到威爾第之家門口，發現一個圖文並茂的告示牌，原本是隨時都可以自由參觀的威爾第之家，因為新冠疫情的關係現在要先預約才能進去參觀，而且以五人以上團體優先。他們不僅沒有先預約，人數

威爾第之家門前是一個交通要道的圓環，圓環中間是威爾第的銅像

也未達五人，很可惜的大老遠來到門口了卻只能眼巴巴在門外窺視裡面。

從緊閉的大門柵欄往裡面看，進去之後的長長穿堂兩側擺了許多雕像，是各個著名音樂家的頭像。穿堂之內看似小花園的中庭，遠遠就看到紅紅綠綠的花團錦簇，在陽光照射下特別有朝氣。

聽說威爾第之家的內部設有博物館，就在大門進去後的右手邊，這個博物館是免費參觀的，但是真的很可惜，為了要保護入住在裡面的年長音樂家不受新冠肺炎侵襲的緣故，目前外人無法隨意隨時自由參觀。一場新冠疫情真是阻隔了許多事情啊！

子晴他們一行三人在威爾第之家繞了一圈，從外圍揣想裡面的情形，只能立下「下次再來，一定要進到裡面好好參觀」的心願，然後抱著遺憾的心情離開去市區其他地方逛逛、一起吃個中餐了。

威爾第彷彿在此守護著年華老去的音樂家們，讓他們得以安享晚年

Day 26

巴士車遊米蘭

六月十五日（週三）

淳慧姐母子今天就要搭機回台灣了，子晴和他們在米蘭有緣結識，也在米蘭共度了幾天特別的日子：第一次到史卡拉劇院看歌劇表演、第一次陪同吉諾到米蘭音樂學院以及一起到威爾第之家周邊出遊等等。雖然子晴和淳慧姐約好回到台灣還是要不時約出來見面、喝喝下午茶，子晴和他們很快又會再見面的，但是子晴一想到今天淳慧姐他們就要搭機回國，心裡還是有種莫名的惆悵與寂寞感，是子晴開始想家了吧？

為了排解心中的這種寂寞感，子晴決定為自己再安排一趟觀光之旅，但是她也不太想花腦筋再安排行程，子晴想放空一下自己，這樣的話最好

觀光巴士特地在足球場這一站停留比較久，讓觀光客可以下車看看

是有人帶著自己走，有誰可以帶著自己觀光呢？要在米蘭找當地的一日旅行團嗎？有點費力，乾脆去坐市區觀光的雙層巴士好了，讓巴士司機載著遊市區，還可以依心情變換隨時下車換條路線的巴士上車。

子晴在斯福爾扎古堡附近的旅客中心買了四十八小時無限制搭乘的觀光巴士券，這種巴士叫做 hop on hop off，意思是隨時可以自由地上車下車。目前在米蘭有四條不同的觀光巴士路線，以顏色來區分：紅線（也稱A線）、藍線（也稱B線）、綠線（也稱C線）和黃線（也稱D線），其中除了藍線是在中央車站出發之外，其他都在斯福爾扎古堡附近的旅客中心前發車。每條線都有很明確的時刻表，看網路上的評語好像都還蠻準時的。

子晴先搭了綠線從斯福爾扎古堡旁邊繞過，穿過和平之門，繞過安聯人壽的高聳大樓等幾棟先進的現代建築，再繞過賽馬場及米蘭足球場，這一帶全都是子晴沒有來過的地方，即使子晴知道有這些地方大概也不想來

米蘭的足球場

吧？因為子晴喜歡的是米蘭保有的歐洲古老、傳統的味道，而這些新穎的現代設施並沒有很吸引她。

巴士司機特地在足球場前面用廣播告訴大家，車子會在這裡停留久一點，大家可以放心地下車拍照，的確有好幾組旅客都下了車拍照，看來足球在義大利，就像棒球在台灣一樣是國民運動啊！子晴坐在觀光巴士的上層直接拍了幾張照片，並沒有下車。

等子晴坐的這班綠線繞了一圈又回到原出發地斯福爾扎古堡附近的旅客中心時，剛好有一班紅線正準備發車，子晴一看還有位子就跳上車繼續環繞市區觀光。

這條紅線是繞過史卡拉大劇院前面，走一些比較市區內古老的街道，也含一些知名的購物景點，還會經過有達文西著名壁畫《最後的晚餐》的恩寵聖母天主教教堂。子晴本來有想在這裡下車進去參觀，但是在車上聽到旁邊美國旅客有聊到要參觀這裡最好預先購票，不然也要排隊等很久，

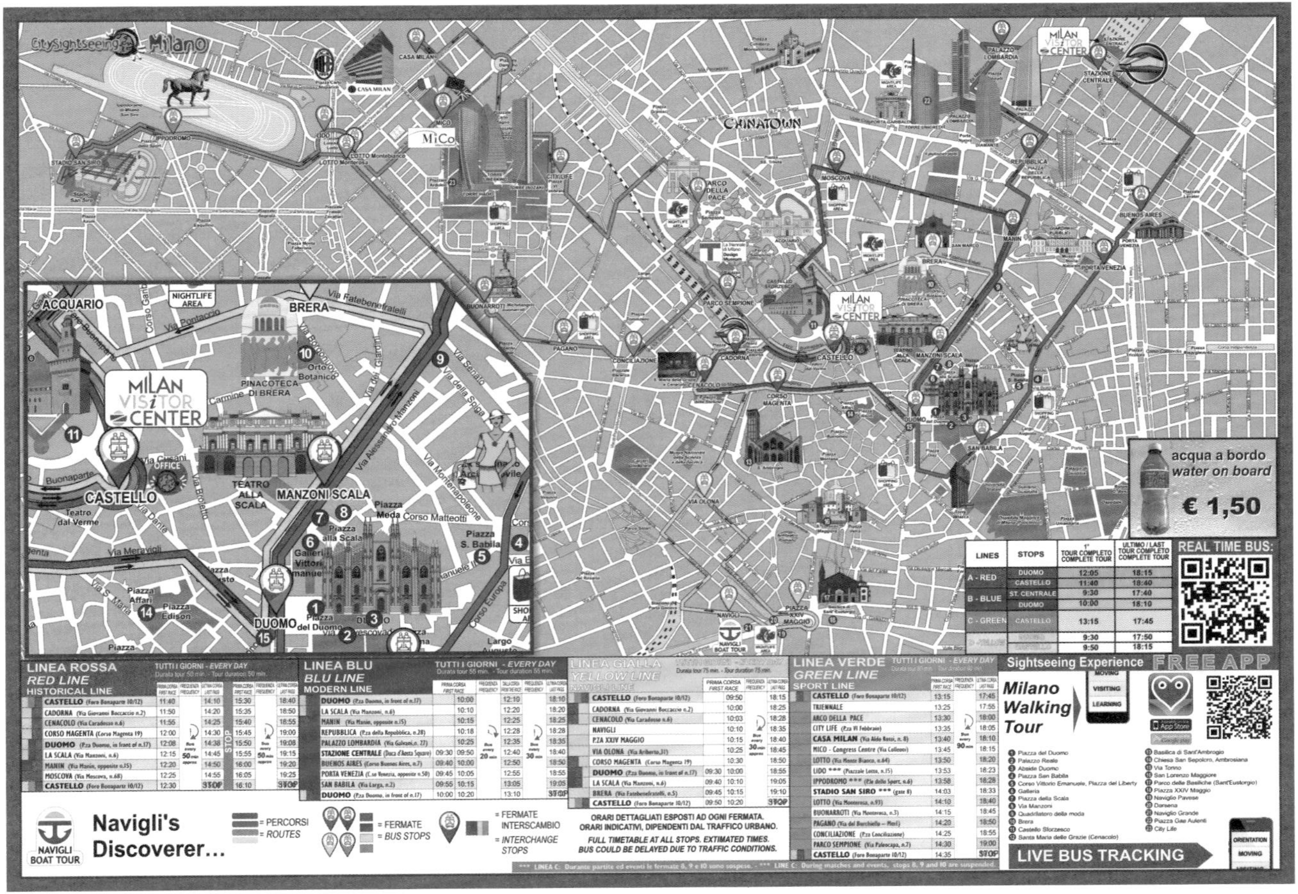
CitySightseeing Milano
CHINATOWN
MILAN VISITOR CENTER
ACQUARIO
BRERA
NIGHTLIFE AREA
PINACOTECA DI BRERA
Orto Botanico
TEATRO ALLA SCALA
MANZONI SCALA
CASTELLO
DUOMO
Piazza del Duomo
Piazza alla Scala
Piazza Meda
Piazza S. Babila
acqua a bordo
water on board
€ 1,50
REAL TIME BUS:
LINEA ROSSA
RED LINE
HISTORICAL LINE
LINEA BLU
BLU LINE
MODERN LINE
LINEA GIALLA
YELLOW LINE
LINEA VERDE
GREEN LINE
SPORT LINE
Sightseeing Experience
FREE APP
Milano Walking Tour
LIVE BUS TRACKING
Navigli's Discoverer...
NAVIGLI BOAT TOUR
= PERCORSI
= ROUTES
= FERMATE
= BUS STOPS
= FERMATE INTERSCAMBIO
= INTERCHANGE STOPS
ORARI DETTAGLIATI ESPOSTI AD OGNI FERMATA.
ORARI INDICATIVI, DIPENDENTI DAL TRAFFICO URBANO.
FULL TIMETABLE AT ALL STOPS. EXTIMATED TIMES.
BUS COULD BE DELAYED DUE TO TRAFFIC CONDITIONS.

米蘭觀光巴士路線圖

時間已經超過中午了，子晴肚子也餓了，於是先作罷，改天再來好了。

當紅線再度回到旅客中心時，子晴先不搭車了，她漫步到斯福爾扎古堡前的那條路上，在眾多餐廳中挑了一家坐下來吃午餐。

服務生會說英語，對子晴很親切，他幫忙安排在面對斯福爾扎古堡正對面的位子，讓子晴一邊吃美味的義大利麵一邊欣賞雄偉的古堡大門，當然也有進進出出古堡的人潮。

子晴慢慢地悠哉地吃午餐，親切的服務生時不時會來關照一下。吃完了午餐，在周邊逛了一下，再回到旅客中心去等藍線的觀光巴士。藍線會繞過米蘭大教堂以及周邊的熱鬧區域，然後繞到米蘭中央車站，子晴在米蘭中央車站下了車之後搭地鐵回去公寓，結束了這一天坐觀光巴士繞米蘭觀光的行程。

Day 27

最後一堂課

六月十六日（週四）

子晴在米蘭的日子已經是倒數第三天了，今天下午也還有最後一堂行銷課程，六月十九日搭機回到台灣後，不管是工作或是生活都將有全新的菊面展開，子晴也告訴自己，一定要保持開放的心態來迎接全新的開始。

今天，子晴要留在公寓裡整理一下之前上課的資料，以及想想未來工作上的規劃，上完課再出去慢跑，簡單過完這一天。

子晴先登入公司後台系統，再度研究一下新團隊的成員資料以及現在各自擔任的業務內容，其實從各個成員的照片看起來都很親切、可愛，子晴不知道自己之前為什麼不直接先了解這個團隊，而是聽各種間接評論就感到害怕，現在想來有點好笑。子晴研究完團隊成員後，再搭配這幾次上課的教材，思考一下上課的東西如何實際應用在工作上。子晴在筆記上塗塗寫寫，運用的各種思考分析模式，嘗試將團隊的工作分配及時間表做好幾種模式的安排，然後再試著自行分析各種優劣。

花了一兩個鐘頭後，可能是因為累了，子晴倒在床上伸著懶腰，心裡想：「人是活的，外在狀況是隨著人而隨時變動的，不去實際嘗試，做再多的分析也只是紙上作業，沒有行動，一切就會淪為空談，只是幻想啊！」

想到這裡，子晴決定起身行動，把桌上的電腦和筆記等收拾乾淨，開始準備午餐。把僅剩的一點米煮成一鍋白米飯，再煎個鮭魚和炒盤青菜，用豐盛的午餐餵飽自己，這樣下午也才有精神上課。

最後一堂課是綜合討論與分享，許多同學都提出了很好的回饋及很值得探討的問題，感覺每個同學都已經開始將這一個月所學的運用在工作上，慢慢的有了心得與領悟，讓子晴也有點心癢癢的迫不及待要回到工作崗位了。

子晴突然覺得柳經理其實是自己的伯樂與職涯的貴人，回去要跟柳經理好好的合作，提升整個團隊的價值啊！

上完課，子晴再度收拾好桌上的電腦和筆記，換上運動服出門去慢跑。

這次子晴沒有先規劃好路線，反正就在這周遭隨意跑跑，碰到障礙就轉彎換一條路，當然也是仗著自己這一個月在這一區生活，對周遭環境都已經有所了解，才會這麼隨性。另一方面也想試看看，如果用這種碰到障礙就轉彎的方式，最後會跑到哪裡？

午後陽光溫暖但不酷熱，跑起來有點微風，感覺十分舒服。子晴如同第一次在米蘭慢跑時一樣跑到米蘭紀念公墓前，朝向紀念公墓正前方的道路跑去，馬路兩旁一樣有林蔭道，子晴不時與遛狗的人擦身而過。碰見紅燈或障礙就轉彎的跑法再跑了一會兒，子晴的方向就變成繞回公寓的方向了。子晴不想太早繞回原點，只好改變策略，刻意換個方向跑一條路，這樣就跑到了之前自己常去的家樂福超市那條路上，結果碰到了華特的太太克勞迪亞剛買完東西出來，兩人熱情地打著招呼。

克勞迪亞看正在慢跑中的子晴，問她要不要休息一下，邀她一起到圓環對面的冰淇淋店坐下來、吃個冰淇淋聊聊天。

於是兩人在冰淇淋店各吃了一杯冰淇淋，從工作聊到家庭再聊到人生，克勞迪亞很喜歡聊天，對東方的文化感到好奇，也會分享自己的人生故事與義大利的文化，子晴覺得跟克勞迪亞聊天就像跟姊妹一樣親密，毫無壓力。

克勞迪亞知道子晴就快要回台灣了，約好明天一起吃最後一次午餐為她送別，再陪子晴到街上買些伴手禮回台灣。

Day 28

道別的午餐

六月十七日（週五）

克勞迪亞知道六月十九日子晴要搭機回台灣後，就約子晴吃道別的午餐，還貼心地想到子晴要收拾行李回台灣前，應該會想買一些義大利的名產帶回台灣，特地挑選了市中心的餐廳，這樣吃完午餐也可以陪著子晴走走逛逛買名產。

子晴和克勞迪亞一起坐十二路電車到米蘭大教堂附近下車，先在史卡拉劇院附近一家餐廳吃午餐。這家餐廳以前子晴有路過，記得好像看到淳慧姐母子也在這裡吃。克勞迪亞跟服務生要求要坐在戶外樹下的位子，正午的陽光從樹蔭縫隙洩下，光影還隨著微風搖到樹枝而不停變換，如果不怕熱的話，坐戶外真的比較浪漫，當然還要不在乎那幾隻飛來飛去的蒼蠅。子晴心裡想回到台灣應該沒甚麼機會像這樣坐戶外吃東西吧？畢竟台灣的氣溫與濕度都比米蘭高得多，大白天坐戶外吃東西一點都不浪漫。

克勞迪亞關心子晴回台灣後的計畫，不過她問得比較多的還是子晴和宇豪之間的事。子晴告訴克勞迪亞前幾天宇豪在視訊中向她求婚的事，搞笑的問子晴要不要嫁給他作那兩隻新生貓咪的阿嬤一事，克勞迪亞聽了大笑，直說宇豪真是幽默。克勞迪亞對子晴和宇豪要結婚一事好興奮，感覺就像同齡閨蜜聽到好友要結婚一樣興奮，直追問子晴答應了嗎？子晴嬌羞的說她答應了，但是心裡很忐忑，不知道自己能不能扮演好人妻及媳婦的角色，因為自己的原生家庭父母並沒有做好榜樣讓自己學習如何經營婚姻。還有未來也可能會當媽媽，不知道自己是否真的能做個好母親。

克勞迪亞拉著子晴的手說：「如果不去嘗試，就永遠無法知道自己的能力到哪裡？沒有去做就永遠是未知數，所以只有一句話，去做就對了！」

子晴看著克勞迪亞，發現她其實是個很勇敢堅定的女人。

克勞迪亞說起她跟華特認識及交往的經過，雖然都是歐洲人，但是兩人成長自不同國家，使用不同語言，當初克勞迪亞家人的確為她擔心過，克勞迪亞也對家人說：「沒有去試過，就永遠不會知道真正的結果。」她勇敢選擇嫁給華特，這二十多年來就算夫妻兩人之間有過爭執，但是兩人還是很齊心協力維護著自己的家庭與彼此之間的感情，她從來沒後悔過。所以克勞迪亞很鼓勵女性放心去愛、大膽結婚呢！

子晴打趣地說：「那是因為年輕時候的華特也很帥吧？」

克勞迪亞回應說：「你不覺得宇豪很帥嗎？」

子晴說宇豪是長相斯文並不是特別帥的那一型，交往之後才越看越帥。克勞迪亞問子晴：「宇豪有哪些地方讓你很感動？」

子晴毫不遲疑地說有上進心及責任心、個性溫和但堅定、凡事謹慎細心，以及對自己很好等等，子晴說跟宇豪交往這麼多年來也跟宇豪學了很多，連自己都有了成長。克勞迪亞露出有點疑惑的表情說：「那你還擔心什麼？經營婚姻是兩個人的事，當父母也是兩個人的事，如果你在當妻子及媽媽時碰到困難就跟宇豪說，兩個人一起解決啊！你不應該在一開始就這麼擔心的。」

克勞迪亞說得對，婚姻是該由兩個人共同努力的，當了父母也應該要兩個人一起學習，子晴現在在擔心這些等於也是把宇豪排除在外，她應該要跟宇豪一起扶持、一起成長的。

子晴與克勞迪亞吃完午餐，一起去鬧區的名產店買了些伴手禮，也由克勞迪亞陪著子晴在一些精品店買了給宇豪和柳經理的禮物，然後就回家了。

在兩人要分開時克勞迪亞緊緊的抱了子晴說：「好女孩！不要害怕，勇敢迎向人生各個階段，才能體會到各種不同的樂趣與風景。」這個溫暖的擁抱讓子晴禁不住流下感動的眼淚，約好和宇豪蜜月時一定再來義大利跟克勞迪亞及華特見面。

晚上跟宇豪視訊時，宇豪聽到子晴轉述克勞迪亞的話，沉吟一下說：

「我們蜜月就去義大利去米蘭，我要好好謝謝克勞迪亞和華特！」

Day 29

回憶滿行囊

六月十八日（週六）

子晴回台灣的班機是明天下午一點起飛，估算一下從這個公寓到機場的交通和時間，子晴決定一大早八點半就要離開公寓，出發去機場。

所以今天等同是在米蘭的最後一天了，子晴早上起來睜開眼睛，躺在床上回想這一個月來在米蘭所見所聞與所認識的人。雖然生活步調很悠哉緩慢，但是每一個風景對子晴來說都是陌生而新鮮，深深的刻印在子晴的心裡。

此刻子晴深深覺得自己是個幸運的人，因為像她這樣三十多歲的輕熟女，在職場與人生碰到瓶頸的不知凡幾，但是能夠像她一樣到夢想國度放空思考，還很幸運碰上許多有智慧有經驗的人來引導她，應該找不到幾個吧？這不就是最大的幸福了嗎？子晴對自己說等她回到台灣，也要把自己所獲得的這股正能量發送給周邊的人，當然最直接影響的應該會是自己的新團隊吧！想到這裡，一股活力湧上來，子晴輕快地跳下床，開始在米蘭最後一天的生活。

子晴打算留在家裡收拾行李，打掃一下公寓，也寫一下心情筆記。不敢保證今後還會不會有再度陷入迷霧中走不出來的情形？但人生難得有幾回可以這樣的任性放飛一個月，要好好寫下心情筆記。

這一個月的放空讓子晴已充滿了電，有充分的能量去面對今後的種種難題，當然更重要的是她知道她不會是一個人去面對。在家庭裡有宇豪陪著她，在工作上有柳經理的支持，讓她對未來充滿了勇氣。

子晴一邊哼著歌一邊打掃著公寓，當她覺得公寓都已經清潔如新，決定收工時，竟然脫口說出：「米蘭，謝謝一個月來的照顧！台灣，我要回家了！」

Day 30

米蘭，下次見

六月十九日（週日）

最後一夜，子晴有點興奮又有點捨不得，剛開始不太好入睡。早上的鬧鐘還沒有響，子晴就醒過來了。

快速梳洗後吃個麵包及喝一罐樂利包的果汁，把最後一些東西收拾好就準備扛行李下樓了。子晴將行李箱扛下樓後再次檢視公寓裡，確認沒有遺失任何物品後，把鑰匙依義式生活訂房網的指示放在信箱內，此時剛好是上午八點半。

子晴回頭環視了一下這個黃色公寓的中庭，輕輕說聲再見關上大門後，邁開輕快的步伐走向車站，準備前往中央車站去搭車前往機場了。

「米蘭，我們後會有期！」

後記

在全球新冠疫情進入尾聲、各國都在研擬如何與病毒共存的時候，能夠比報復性出遊潮更早一步踏出國門，前往自己心中的夢想國度，還停留了一個月，不管當初是為了什麼出去，都是人生中難得的體驗，是幸運之人。

這本書的內容有真實有虛擬，虛虛實實、如夢似幻，地點是真實的，資訊是真實的，心境虛虛幻幻，情節真真假假，但是這些都不重要。重要的是書中的人兒們，雖然仍有一些擔心害怕，但是已經邁出大步，往人生下一個階段走去了，這才是最真實的。

下一個階段會有哪些不同的故事與心境，或許期待下一本書來告訴大家：勇敢邁開腳步後，會有怎麼樣的故事吧！

大好文化 大好生活 10

任性放飛，米蘭30天：走出人生迷霧

作　　　者｜曾心怡
出　　　版｜大好文化企業社
榮譽發行人｜胡邦崐、林玉釵
發行人暨總編輯｜胡芳芳
總　經　理｜張榮偉
駐 英 代 表｜張容、張瑋
行 銷 統 籌｜呂珍妮
主　　　編｜丁文琪
編　　　輯｜張小春、林鴻讀
封面設計、美術主編｜陳文德
客 戶 服 務｜張凱特
通 訊 地 址｜111046臺北市士林區磺溪街88巷5號三樓
讀者服務信箱｜fonda168@gmail.com
讀者服務專線｜0922309149
版面編排｜唯翔工作室 (02)2312-2451
法律顧問｜芃福法律事務所 魯惠良律師
印　　刷｜成偉印刷公司 0936067471
總 經 銷｜大和書報圖書股份有限公司 (02)8990-2588

ISBN 978-626-7312-06-3（平裝）
出版日期｜2023年7月15日初版
定　　價｜新台幣350元

國家圖書館出版品預行編目資料

任性放飛，米蘭30天：走出人生迷霧／曾心怡著. -- 初版. -- 臺北市：大好文化，2023.07

224面；14.8×21公分. --（大好生活；10）

ISBN 978-626-7312-06-3（平裝）

1.CST：旅遊文學　2.CST：義大利米蘭

745.7729　　112009592

大好文化

任性放飛，米蘭30天

走出人生迷霧

曾心怡 著